AF612858

La España corrupta del siglo XXI

Carlos Ortega Serrano

megustaescribir

Título original: La España corrupta del siglo XXI

Primera edición: septiembre de 2015

© 2015, Carlos Ortega Serrano
© 2015, megustaescribir
Ctra. Nacional II, Km 599,7. 08780 Pallejà (Barcelona) España

Las opiniones expresadas en este trabajo son exclusivas del autor y no reflejan necesariamente las opiniones del editor. La editorial se exime de cualquier responsabilidad derivada de las mismas.

Quedan prohibidos, dentro de los límites establecidos en la ley y bajo los apercibimientos legalmente previstos, la reproducción total o parcial de esta obra por cualquier medio o procedimiento, ya sea electrónico o mecánico, el tratamiento informático, el alquiler o cualquier otra forma de cesión de la obra sin la autorización previa y por escrito de los titulares del *copyright*. Diríjase a Thinkstock, (http://www.thinkstock.com) si necesita fotocopiar o escanear algún fragmento de esta obra.

ISBN:	Tapa Blanda	978-8-4911-2081-0
	Libro Electrónico	978-8-4911-2082-7

A mis hijos Silvia y Carlos:
Os quiero mucho.
Y a la memoria de mi madre.

Libertad

Tierra que me viste crecer
en la patria que he dejado,
por culpa de no tener
la libertad que he ansiado.

Acorralado me encontré
entre el vil y oscuro yugo,
de cadenas y grilletes
que asfixiaban el nuevo mundo.

Me marché de los míos
para no quedarme atado,
de temores e injusticias
en éste mi país quebrado.

Roto y degradado
como semilla maligna,
la misma que implantaron
en mi tierra querida.

Volveré del cruel destierro
al lugar de mi infancia,
cuando la mala yerba quemen
y las nuevas plantas nazcan.

Poema del escritor, poeta y compositor Carlos Ortega Serrano

PRÓLOGO

"La España corrupta del siglo XXI", donde comienza a destaparse y a surgir los grandes cacos de la "democracia", es un libro simplificado, el cual narra visiblemente de una manera amena, de fácil comprensión y transparencia, la historia actual y corrupta de nuestro patria, sobre todo cuando aparecen ciertos individuos de guante blanco dentro de los partidos políticos y de la banca, apropiándose del dinero del estado y el de sus clientes a su libre albedrío, y otros de otras regiones de España que se aprovechan con demagogias baratas para engañar a los ciudadanos de sus respectivas comunidades, creando la confusión y el malestar entre todos los españoles, queriendo ser fragmentada también separatistamente por algunos sitios dentro de nuestra geografía por querer la independencia de alguna de las regiones Españolas, como Cataluña y el País Vasco por individuos nacionalistas separatistas.

Es por esta razón por la cual he creído conveniente de escribir este libro abreviado, por la frustración y la decadencia que atraviesa nuestro país, sintiéndome empujado a nombrar las cosas transparentemente por su nombre y sin ánimo de ofender, por la poca vergüenza que tienen algunos dirigentes políticos entre otros de apropiarse de lo que no es suyo y de dirigir este país nefastamente.

Comienzo con un corto resumen de la guerra civil española, como también de la segunda guerra mundial para hacer constar las atrocidades de las mismas, para que lo tengamos en cuenta y no se repita lo que fue tan devastador, y entrar luego de lleno en la transición española después de la dictadura franquista hasta nuestros días.

En este tomo no se nombran todos los nombres de personajes o "individuos tóxicos", ya que trato de evitar cualquier problema que pudiera suscitar emociones de tipo machista, feminista, de orgullo, de odio etc. con algunos de ellos en los relatos del mismo, y también para no dejar constancia de muchos de estos, ya que de alguna manera sería hacer propaganda a unos malhechores corruptos, aunque sea ésta difusión para ellos negativa, ya que en nuestro país parece que contra más conocidos negativamente sean estos sujetos, más populares se hacen, con lo cual más sustanciosos son sus beneficios. Lo mejor es que alguno de los afectados se den por aludidos, pues como bien dice el dicho (Al buen entendedor, pocas palabras le bastan). Solo se nombrarán a aquellas personas que se necesitaran citar por ser corruptos de primera clase y de otras que sean decentes y transparentes.

Emplearé los mecanismos necesarios de forma amena y transparente para la buena comprensión de los mismos sobre toda la podredumbre existente, la cual se fue instalando paulatinamente como una enfermedad en nuestra sociedad, llenando ésta de varias afecciones de tipo negativo sobre la economía, sociocultural, paro, estrés, sufrimiento…

Este volumen consta de siete partes:

a) La guerra civil española
b) La guerra mundial
c) La dictadura franquista
d) La transición española
e) Los partidos políticos
f) La corrupción
g) Separatismo

Según vallamos avanzando, este ejemplar irá alternándose con algunos poemas de protesta que hice para este fin.

Como nota quiero señalar, que llevo casi 50 años fuera de España. Esto significa que el contenido de este libro se debe en parte a la recopilación de alguna de las informaciones mediáticas como lo son: la televisión, la radio, la prensa nacional e internacional, etc. como también de la experiencia de todo lo vivido, visto y escuchado en todos estos tiempos pasados.

Se podría decir, que todas las explicaciones que se dan, son vistas de un extranjero más que visita este país después de todos estos años de ausencia, pero atento a todo lo que iba sucediendo a través de los tiempos en éste nuestro país tan maravilloso y encantador, pero desgraciadamente corrupto por otro, de las infracciones constantes cometidas de muchos sujetos que gobiernan nuestro país, los cuales se hacen llamar "demócratas" ¿Sabrán estos personajes verdaderamente el significado de esta pura y esencial palabra? Pienso que no, ya que si fuera de otra manera no harían las pilladas que cometen constantemente en contra de todos los ciudadanos de esta nación, sobre todo de aquellos los más necesitados que están sin trabajo, sin casa, ya que fueron desahuciados de sus viviendas por los bancos por no poder hacer frente al pago de la hipoteca, entre otros, los cuales se ven así por culpa de nuestros dirigentes.

Pienso que es muy difícil cambiar un país como el nuestro en esta vieja Europa mientras no se cambien algunas estructuras, que si bien alguna de ellas van por buen camino, por el otro, vemos que no todas se practican y se respetan, ya que solo se ejerce aquello que nuestros políticos quieren, y otras muy necesarias y esenciales que aún no se han tocado, sin pensar en la gran cantidad de problemas que tiene toda la ciudadanía española.

Si tuviera que escribir toda la corrupción hallada en este siglo XXI de los muchos políticos, jueces, abogados, banqueros, constructores, agentes del orden público, militares, eclesiásticos, etc. necesitaría vivir muchos años para elaborar una colección de varios cientos de libros para dejar constancia de toda esta delincuencia corrupta. Es por esta razón por la cual sólo les hago saber algunos de los casos más importantes de corrupción acaecidos, como también algunas propuestas por mi parte como un ciudadano más, para el bien común de todos nosotros.

Como última reflexión quiero hacerles saber, que este no era el libro que en principio iba a escribir, ya que estaba elaborando una novela, la cual se compone de todo un poco: intriga, amor, desamor… por parte del personaje principal de la misma y de su exitosa vida, ya que actualmente es lo que a la mayoría de la sociedad les atrae y que estoy seguro les va a gustar cuando esté editada, pero viendo la injusticia y poca vergüenza existente dentro de la política española a través de nuestros políticos por la corrupción que nuestro país está atravesando, me vi en la obligación y necesidad de dejar de lado la narrativa que estaba escribiendo para centrarme enojosamente en este nuevo libro que lleva por título y con razón, **"La España Corrupta del Siglo XXI"**, para hacerles saber a todos los lectores, la constante pus que está supurando la herida España.

Confío que en todo este compendio de informaciones que les espera, sea de máxima importancia e interés para ustedes en una amena lectura, la cual les lleve a una reflexión y puedan valorar todo su contenido.

******

Historia

Historia que hacen los hombres
desde el comienzo del mundo,
entre envidias y lúgubres guerras
por el dichoso afán del hurto.

Taimada rapiña incesante
que la llevan en su conciencia,
sin menguarse por un instante
para calmar su ceguera.

Empecinamiento constante
de sus neuronas malignas,
atacando estas sin compasión
por el mero hecho de la codicia.

Ambición que les persigue
a lo largo de los tiempos,
sin cansancio que empañe
sus más viles enriquecimientos.

Historia de maldad y lastre
que del hombre se apodera,
para de riquezas hacerse
sin atisbos en la contienda.

Poema del escritor, poeta y compositor Carlos Ortega Serrano

1

La guerra civil española

Francisco Franco Bahamonde nació en el Ferrol, La Coruña, el 4 de diciembre de 1892, falleciendo el 20 de noviembre de 1975 en Madrid. Conocido como Francisco Franco, el Caudillo, el generalísimo o simplemente Franco.

Fue un militar y dictador español, integrante del golpe de estado contra la segunda república de España en julio de 1936 desembocando en la guerra civil española.

Siendo investido como jefe de estado de España el 1 de octubre de 1936, hasta su fallecimiento en 1975. Fue líder de la Falange Española tradicionalista y de las JONS, en el cual se apoyó para establecer un régimen militar fascista al principio, y que más tarde derivaría en una dictadura conocida como franquismo, clamándose él mismo, Caudillo de España.

Tras el ascenso a comandante, Franco es destinado a Oviedo, donde llega como un héroe militar de África. Es en esta ciudad donde conoce a la que más tarde sería su mujer, la asturiana ovetense Carmen Polo y Martínez Valdés, la cual será también apodada "la collares" ya que siempre portaba varios en su cuello. También surgió aquello de "asturianos y gallegos, primos y hermanos".

Más tarde, Franco regresa una vez más el 13 de octubre de 1923 como teniente coronel a la península de permiso para contraer matrimonio, no sin antes de pasar por Madrid a visitar al rey Alfonso XIII, accediendo éste a ser su padrino.

El 22 de octubre, la pareja Francisco Franco y Carmen Polo, entran en la iglesia de San Juan el Real de Oviedo (hoy Basílica) bajo palio acompañados del gobernador militar en representación del rey.

Durante los años siguientes, al mando de la legión, Franco cosecha varios triunfos militares, entre ellos el desembarco de Alhucemas, aumentando así de esta manera su prestigio, con lo cual es ascendido a coronel y más tarde a general de brigada a sus 33 años de edad.

El 14 de septiembre de 1926 nace su única hija María del Carmen.

Se celebran nuevas elecciones el 19 de noviembre y 3 de diciembre de 1933, con lo cual sale victorioso el nuevo gobierno de derechas CEDA (Confederación Española de Derechas Autónomas), siendo su principal inspirador Ángel Herrera Oria, fundador y director del diario El Debate. Otro de sus fundadores y que posteriormente dirigió la Confederación, fue José María Gil Robles, ascendiendo este último a Franco a general de división a finales de marzo de 1934, llegando así éste a la cúspide de su carrera militar, ya que la república había suprimido el empleo de teniente general.

Desde sus comienzos, la república estuvo siempre amenazada por tramas de conspiración.

A través de algunos historiadores y de los medios, creo conveniente poner en conocimiento de los lectores algunas informaciones de máximo interés:

Franco había sido destinado a Canarias como comandante general, perdiendo la jefatura del estado, considerando él tal acción como un destierro. Más tarde fue requerido para estas conspiraciones, pero siempre se mostraba indeciso y dudoso.

Las tantas vacilaciones, imprecisiones y coqueteos de Franco, llegaron a cabrear a Mola y al grupo de conspiradores de Pamplona, y en junio de 1936 sus compañeros, los generales implicados en la conspiración, acabaron llamándole en privado con el mote de "Mis Islas Canarias 1936" por sus titubeos e indecisiones. Dicha información sobre el "mote" fue también publicado a través de un artículo por el periódico *El País* el martes 18 de julio de 2006 con motivo del 70º aniversario del estallido de la guerra civil, y por otros medios informativos.

El 28 de septiembre de 1936, el mismo día de la liberación del Alcázar de Toledo, se celebra la segunda reunión de los generales golpistas en Salamanca para decidir quién ostentaría el mando político. El elegido fue el general Franco al que sus compañeros de sublevación no solamente le nombraban "Generalísimo de las fuerzas nacionales de tierra, mar, y aire", sino también "Jefe del Gobierno del Estado español, mientras dure la guerra". Pero cuando fue publicado al día siguiente dicho comunicado en los medios de prensa el decreto nº 138 de la Junta de Defensa Nacional, se había introducido un importante cambio en el texto, pues se había suprimido la coletilla "mientras dure la guerra", sobre el nombramiento del general Franco como "Jefe del Gobierno del Estado español", y se le añadía "quien asumirá todos los poderes del nuevo Estado". Este decreto de 29 de Septiembre de 1936 sería el fundamento de la legitimidad del poder del "Generalísimo" durante los 39 años siguientes.

El 1 de octubre de 1936, en el salón del trono de la Capitanía General de Burgos, Francisco Franco tomaba posesión de su nuevo cargo, como Generalísimo del ejército sublevado y Jefe del Gobierno del Estado.

Después de casi tres años de guerra civil española, desde el 17 de julio de 1936, hasta el 1 de abril de 1939, el Generalísimo Franco daba en esta última fecha el famoso "último parte" en el que proclamaba "la guerra ha terminado".

Las tantas muertes de españoles en la guerra civil española, tanto por la represión, como las asesinadas en la retaguardia de las zonas republicana y sublevada, las ejecuciones en la represión franquista, y también miles de desaparecidos que hasta hoy no se sabe nada de ellos, se estima en más de 500.000 personas fallecidas, mientras otros más pesimistas especulan con más de 1.000.000 las vidas perdidas en esta atroz y vergonzosa guerra.

******

Posguerra:

Corrían tiempos de posguerra en España y comenzaba a estallar la segunda guerra mundial, país artífice de Alemania, el nacionalsocialismo alemán, con sus más allegados aliados, Mussolini por parte de Italia y Franco por parte de España. Países militaristas fascistas que buscaban implantar su política dictatorial en todo el mundo.

En primer plano comentar, que Alemania había ayudado a nuestro país militarmente, en este caso a Franco por petición de éste a conseguir lo que se proponía, haciendo probar los bombarderos de la legión Cóndor germana y la aviación legionaria italiana que combatían a favor de los sublevados contra el gobierno de la segunda república española, sobre el pequeño pueblo vasco de Guernica de unos 5.000 habitantes aproximadamente de aquel entonces. Este bombardeo (Operación Rügen), fue un ataque aéreo de ensayo general para la posterior contienda mundial, el cual se efectuó sobre dicha población el 26 de abril de 1937, quedando éste en un 70% casi destruido, y causando infinidad de muertos, pues este lugar era también un bastión muy importante de los republicanos, y los nacionales no conseguían tomarlo por las armas.

Cabe destacar el conocido cuadro de "El Guernica", pintado por el gran pintor malagueño Pablo Picasso con motivo de la atrocidad de este bombardeo contra esta población, no quedando ajeno al mundo artístico, siendo plasmado el mismo en el pincel de Picasso, el cual fue presentado en el pabellón de España en la Exposición Internacional de Paris de 1937. También en las plumas del ilustre escritor bilbaíno Blas de Otero (15.3.1916-29.06.1979) que escribió un poema del mismo nombre, y de la poeta, diplomática y pedagoga chilena premio Nobel de la Literatura Gabriela Mistral (7.4.1989-10.1.1957) que escribió el emotivo poema "Árbol de Guernica".

Después de esto Hitler le pediría a Franco en una conversación que tuvieron los dos dictadores el 23 de octubre de 1940 en la frontera Hispano-Francesa de Hendaya, ayuda militar cuando lo necesitara, donde Franco le comenta a Hitler que le ayudaría, pero con la condición que de los Pirineos hacia abajo, o sea en todo el territorio español, no tuviera acceso para sus movimientos bélicos. Hitler aceptó la propuesta, ya que le convenía a este no estar a malas con Franco, pues no nos olvidemos que era también un dictador fascista aliado de éste.

Una vez terminada la guerra civil española con victoria de los sublevados (nacionales), Franco mantuvo una política oficial de neutralidad durante la segunda guerra mundial. No obstante colaboró encubiertamente con el eje de diversas maneras, como: Permitiendo la escala y el aprovisionamiento de aviones y submarinos en territorio español, y enviando tropas, la denominada División Azul, como también la menos conocida Escuadrilla Azul, para ayudar a los alemanes contra la Unión Soviética.

Sobre la corrupción en la época franquista, diremos que la hubo y mucho, pero no tantos como los de ahora en el siglo XXI que se cuentan por miles, los cuales meten la mano constantemente en la bolsa del estado, llevándose lo que no les pertenece, pero esto lo veremos más adelante en el apartado de la corrupción.

La familia de Franco acumuló una gran fortuna entre bienes y propiedades durante la dictadura, como: la casa señorial gallega del "Pazo de Meirás", o el "Palacio de Cornide", "El Canto del Pico" en las cercanías de Madrid, etc. como también un entramado de más de 150 empresas diversas, y un gran patrimonio valorado en muchos millones de las antiguas pesetas.

Franco estaba casado con Carmen Polo. Tuvieron una hija, la cual llamaron María del Carmen Franco Polo (Duquesa de Franco). Su yerno era Cristóbal Martínez-Bordiú (Marqués de Villaverde). Uno de sus bisnietos es (Luis Alfonso de Borbón y Martínez-Bordiú) hijo de (Alfonso de Borbón y Dampierre) y su nieta mayor (María del Carmen Martínez-Bordiú y Franco).

La residencia de Franco junto con su familia, fue el Palacio Real del Pardo en Madrid durante toda la dictadura.

Entre sus aficiones destacaba la caza y la pesca, convirtiéndose éstas en proezas propagandistas a través de la prensa, en la cual transmitían las numerosas piezas de gran tamaño que cobraba, sobre todo la pesca. Uno de sus sitios favoritos era el río Cangas del Narcea (Asturias) para pescar la trucha y el salmón.

******

La España del franquismo:

La dictadura de Franco se mantuvo en el poder desde 1939 (final de la Guerra Civil) hasta el 1975 (muerte del general Franco). La política de éste estaba caracterizada por la ausencia de una Constitución, y la concentración del poder político en una sola persona (Franco). Los principios básicos eran: la patria, la religión católica, la unidad y el orden, la represión de la izquierda y, sobre todo, de las fuerzas democráticas.

La España autártica (1939-1959):

La economía era autártica, o sea, el Estado quería un desarrollo económico mediante la autosuficiencia económica y la disminución de las importaciones, pero acabó fracasando. Sobre lo social había que diferenciar distintas clases: clase dirigente (militares, la Iglesia, los terratenientes, la oligarquía industrial y financiera), la clase media (funcionarios, pequeños empresarios, profesionales liberales) y la clase obrera.

La España del desarrollo (1959-1975):

España pasó de tener una economía rural y agraria a una industrial, urbanizada y moderna; transformaciones en el aumento de la producción industrial, de las exportaciones, de los salarios... y sobre lo social, aparecieron nuevas clases sociales, como los tecnócratas por parte de la clase dirigente, incorporación de la mujer al mundo del trabajo, mejora de las condiciones de vida...

En las relaciones internacionales, España no había participado en la 2ª Guerra Mundial, pero había apoyado a Alemania e Italia de forma indirecta. Después de esto, el sistema político español quedó aislado. Años más tarde España se alía a EEUU, ya que los dos tenían intereses comunes en contra de la Unión Soviética.

En relación a la oposición política y sindical, se formaron nuevos partidos políticos y sindicatos que se opusieron al franquismo, como la CCOO, los cuales se manifestaban en forma de huelgas, etc.

A comienzos de los años 70, España tenía una economía más moderna, pero un sistema político basado en la dictadura y no en la democracia como en otros países europeos.

******

Luis Carrero Blanco:

Franco nombra al almirante Luis Carrero Blanco (Santoña-Cantabria 04.03.1904 - 20.12.1973) de profesión militar, escritor y político español, para que quedase al mando del Gobierno (09.06 – 20.06.1973), el cual había ocupado antes diversos cargos en la dictadura de Franco, siendo asesinado en Madrid por ETA a los seis meses cuando era Presidente del Gobierno de España durante la etapa final de la dictadura franquista y sustituido interinamente por Torcuato Fernández-Miranda y Hevia. Pertenecía al partido Falange Española de las JONS.

Más tarde póstumamente le fue otorgado por el régimen, el título de duque de Carrero Blanco.

El almirante Luis Carrero Blanco fue asesinado por la banda terrorista ETA el 20.12.1973 en un día de llovizna cuando se dirigía de vuelta a su domicilio, en la calle de los Hermanos Bécquer, después de haber asistido a la misa de las nueve en la cercana Iglesia de San Francisco de Borja en Madrid, donde asistía así a diario a comulgar sobre la misma hora desde hacía años.

A las 9.36 horas de la mañana de ese mismo día cuando el coche del Almirante un Dodge-Dart 3700 GT negro y blindado, con matrícula PMM-16416 pasa por la calle Claudio Coello, esquina a Maldonado a la altura del número 104, se escuchó un estruendoso ruido seco, al tiempo que se abría el asfalto, originando un gran cráter en el suelo producido por la explosión como si se tratara de un fuerte trueno al que hizo volar el automóvil por los aires a una altura de unos 20 metros, pese a sus 2.300 kilos de peso del vehículo, yendo a parar el mismo en su caída al patio de la Casa Profesa de los Jesuitas, edificio anexo a la iglesia donde había asistido a misa momentos antes, quedando el coche humeante y con las ruedas hacia arriba.

Los terroristas se habían hecho con un bajo de alquiler, un semisótano en el número 104 de la calle Claudio Coello y a partir de allí hicieron un túnel hasta el centro de la calzada donde pusieron cerca de 100 kilogramos de goma-2 que hicieron explosionar al paso del coche de Carrero Blanco.

Sus tres ocupantes, el Presidente del Gobierno de España Luis Carrero Blanco, su chófer José Luis Pérez Mogena y el inspector José Antonio Bueno Fernández (escolta del Almirante) fallecen a raíz de este acto terrorista.

Este magnicidio fue denominado en clave por la organización terrorista de ETA como "Operación Ogro".

ETA en aquella ocasión había hecho un comunicado haciéndose responsables de tal acción "siendo necesarias estas muertes por el bien de la democracia". Hay un dato curioso en el cual podemos observar que durante la dictadura hubo solo 45 víctimas, y hasta el momento durante la democracia 829, cifra reconocida actualmente por el Gobierno, aunque otros historiadores hablan de 858 víctimas. ¿Demuestra este balance que ETA está a favor de la democracia? Es irónico ¿Verdad?

Obras de Luis Carrero Blanco:

- La victoria de Cristo de Lepanto.
- Arte naval militar, tomo segundo: El buque de guerra (de la galera al portaaviones)
- España y el mar, Editora Nacional, 1941.
- Lepanto (1571-1971), Salvat Edicional/Alianza Editorial, 1971.

Bajo el seudónimo de Juan de la Cosa:

- La gran baza soviética.
- Las modernas torres de Babel.
- Comentarios de un español. Las tribulaciones de don Prudencio. Diplomacia subterránea.
- España ante el mundo (proceso de un aislamiento). Publicaciones Españolas, 1975.

******

Carlos Arias Navarro:

El último Presidente español antes de la muerte del dictador Franco, fue Carlos Arias Navarro (11.12.1908 - 27.11.1989), ejerciendo como tal desde (31.12.1973 - 01.07.1976), primer marqués de Arias Navarro y grande de España, político español durante la dictadura franquista. Licenciado en Derecho por la universidad de Madrid, ejerció como notario y como fiscal. Perteneció al partido **Falange Española Tradicionalista y de las Juntas de Ofensiva Nacional Sindicalista (FET y de las JONS)**, y de Alianza Popular.

Fue gobernador civil y jefe provincial del Movimiento en León, Santa Cruz de Tenerife (1952-1954) y Navarra (1954-1957); Director General de Seguridad 25.06.1957-05.02.1965; alcalde de Madrid 05.02.1965-12.06.1973; Ministro de la Gobernación de España 09.06-31.12.1973; Presidente del Gobierno de España y primero de la monarquía de Juan Carlos I (31.12.1973-01.07.1976); Gran Cruz de la Real y muy Distinguida Orden de Carlos III, de la Orden del Mérito Militar, y de la Orden del Alfonso X el Sabio.

El 20 de noviembre de 1975, el presidente del Gobierno de España, Sr. Carlos Arias Navarro, anunciaba compungido y entrecortado, como a punto de llorar, a través de los medios televisivos la muerte de Franco:

"Españoles... Franco ha muerto. El hombre de excepción que ante Dios y ante la Historia asumió la inmensa responsabilidad del más exigente y sacrificado servicio a España ha entregado su vida, quemada día a día, hora a hora, en el cumplimiento de una misión trascendental. Yo sé que en estos momentos mi voz llegará a vuestros hogares entrecortada y confundida por el murmullo de vuestros sollozos y de vuestras plegarias. Es natural; es el llanto de España, que siente como nunca la angustia infinita de su orfandad".

Acto seguido leyó un mensaje que Franco había dejado escrito el día 17 de octubre, cuando asistió a su último Consejo de Ministros, convencido, para alegría de presos políticos, exiliados y habitantes que habían soportado la represión del régimen durante 39 años, de que su hora ya había llegado:

"Pido perdón a todos, como de todo corazón perdono a cuantos se declararon mis enemigos, sin que yo los tuviera como tales. Creo y deseo no haber tenido otros que aquellos que lo fueron de España".

Después de la muerte de Franco, don Juan Carlos de Borbón es nombrado rey de España. A partir de ese momento comienza la Transición Española.

Las reformas realizadas por este último Gobierno franquista, presidido por Arias Navarro, fueron muy poco sonadas, debido a la mayoría de conservadores que estaban en el poder, y como máximo dirigente el propio Presidente Arias Navarro.

El poco entendimiento tanto personal como político entre el monarca y el Presidente del Gobierno, así como el estancamiento político y la conflictividad social de la primavera de 1976, provocaron la dimisión de Arias Navarro el 1 de julio, a petición del rey.

A partir de ese momento, la oposición política comenzó a coordinar todos los esfuerzos de sus organizaciones, tanto sindicales como grupos políticos, entre otros, uniéndose en la lucha por el tan esperado cambio democrático del país.

La unidad de la oposición se consiguió gracias al gran paso dado en octubre de 1976, fecha en la cual se constituyó la Plataforma de Organismos Democráticos.

Con esto, se cierra el periodo de casi cuatro décadas de la dictadura de Franco, dando paso a la Transición Española, la cual fue muy aplaudida y esperada por el pueblo español. Al principio, la mayoría bastante reticentes por una parte, ya que muchos no sabían con exactitud lo que les iba a deparar con esta entrada Constitucional, pues era un cambio político total de 180 grados para entrar de lleno en una democracia joven y transparente, cargada de esperanza y de ilusiones para los ciudadanos de España.

******

El día y la noche

Se despertó el día,
el día se despertó,
de la oscura noche,
esa que nos envolvió

Volverán las noches inciertas
sin saber cómo alumbrarnos,
por culpa de los gobiernos
que solo nos meten mano.

Transparencia y claridad
es la que necesitamos,
no queremos más falacias
a las que nos tienen acostumbrados.

Oscuridad es la que vemos
sin nada vislumbrar,
nos han cerrado los ojos
para no podernos guiar.

Seguiremos en penumbra
y también amordazados,
para que puedan libres actuar
en su saqueo con guante blanco.

Poema a todos los españoles.
Del escritor, poeta y compositor Carlos Ortega Serrano

2

La segunda guerra mundial

La segunda guerra mundial es un conflicto militar global, comienza en el 1939 hasta el 1945, viéndose implicadas la mayor parte de las naciones del mundo.

Tal y como sucedió en la historia a través de esta guerra cruel y estúpida en la que murieron millones de seres humanos, sobre todo la aniquilación de los judíos que *Hitler* quería borrar de este mundo, por el odio enfermizo que tenía sobre ellos, trajo con esto último lo que se denominó con el nombre de **Holocausto** – conocido también en hebreo como **Shoá**, traducido como "La Catástrofe"– y según la terminología nazi, como "**solución final**" –en alemán, ***Endlösung***– refiriéndose al "asunto judío".

Eran tantas las personas que había para aniquilar, que las cámaras de gas no daban a vasto, por esta razón también eran fusiladas por docenas y enterradas en fosas comunes, cavadas por las propias víctimas. Hoy día se alza en este sitio un monumento para evitar que las atrocidades que allí se sucedieron no caigan en el olvido.

Este campo de exterminio de Auschwitz es el lugar más conocido de todos, es en el que los alemanes lo denominaron como la **"solución final"**, el asesinato indiscriminado de hombres, mujeres y niños judíos con la única finalidad de eliminar esta raza de la faz de la tierra. A partir de ese momento fue cuando se inició el auténtico infierno en ese lugar. La cúpula naci ya había seleccionado a un oficial alemán el teniente coronel de la SS (**Rudolf Hess**) para encargarse y dirigir este lugar, y desde finales de 1943 del también teniente coronel (**Arthur Liebehenschel**).

Lo peor vino cuando en mayo de 1943 llega a este lugar el cruel médico alemán **Josef Mengele,** encontrando en este recinto a más de 140.000 prisioneros, el cual comienza a hacer toda clase de experimentos atroces a estos. Entre sus sujetos de experimentación predilectos se encontraban los gemelos de corta edad, a los que sometía a toda clase de vejaciones. Ver obra de "**Mengele: El médico de los experimentos de Hitler**", de Geral L. Posner y John Ware.

Los métodos más utilizados de estos maltratos fueron: la asfixia por gas venenoso, los disparos, el ahorcamiento, los trabajos forzados, el hambre, los experimentos, la tortura médica, los golpes, etc.

La liberación de este campo de exterminio se produce cuando los nacis supieron del avance del ejército ruso hacia Polonia para liberar Auschwitz. Sabedores de los crímenes que habían cometido, el miedo les llevó a volar los crematorios en los que habían matado a tanta gente, como también se deshicieron de toda la documentación existente sobre la ingente cantidad de muertos, abandonando Auschwitz el 18 de enero de 1944.

Aparte de Auschwitz (Polonia), hubo otros campos de concentración y exterminio de no menor importancia, lugares muy conocidos en Alemania y en otros países, como:

Dachau, al norte de München, en Baviera; Mauthausen-Gusen, municipio austriaco situado en el estado de Alta Austria; Buchenwald, cerca de la ciudad de Weimar; Sachsenhausen, ubicado en la población de Oranienburg, en Brandeburgo; Lichtenburg, en Sajonia; Oranienburg, al norte de Berlín; Esterwegen, cerca de Hamburgo; y otros muchos más tanto en Alemania como en Polonia, Ucrania, Croacia, Bielorrusia, Islas del Canal, etc. Se podría contar mucho de los nacis, sobre todo de la Gestapo, de todas las atrocidades hechas por ellos a lo largo de la segunda guerra mundial.

Ejércitos de más de 70 países participaron en combates por tierra, mar y aire en los que se enfrentaron las potencias aliadas (sobre todo EE.UU., Gran Bretaña, y la Unión Soviética) y las del Eje (Alemania, Italia y Japón).

La batalla de Normandía en el noroeste de Francia, denominada en clave "Operación Overlord", apodando el desembarco en clave (Operación Neptuno), los aliados desembarcan en Normandía (Francia) el 06.06-25.08.1944 con la decisiva victoria aliada sobre los nacis alemanes.

Los aliados:

Gran Bretaña, Francia, Francia Libre, Unión Soviética, Estados Unidos, Polonia, Canadá, Polonia, Bélgica, Países Bajos, Grecia, Noruega, Checoslovaquia, Australia (Commonwealth), Nueva Zelanda (Commonwealth), Exiliados españoles, Otros estados del Imperio Británico, y otros.

Potencias del Eje:

Alemania, Italia Fascista, Italia República Social, Francia de Vichy, Japón, Reino de Rumanía, y otros.

Más tarde, cuando *Adolf Hitler* ve cómo va perdiendo la guerra, se suicida el matrimonio, ingiriendo cada uno una cápsula de cianuro, y él al mismo tiempo pegándose un tiro en la sien con una pistola en su *Führerbunker* a 15 metros de profundidad en el subsuelo del edificio de la Cancillería en Berlín. Para no ser capturados por el ejército rojo, sus cadáveres fueron quemados por petición de éste con anterioridad a su ayudante *Otto Günsche*, dándole instrucciones estrictas sobre la cremación de su cuerpo y el de su esposa, probablemente para evitar que fueran exhibidos como" trofeos de guerra", recordando el ultraje del cadáver de su amigo Benito Mussolini, que fue colgado desnudo boca abajo junto con el de su amante en una gasolinera de Milán, donde fue golpeado, escupido y despreciado durante días.

Las víctimas que se barajan de la segunda guerra mundial, ofrecen unas estimaciones que varían según las informaciones de diferentes organismos, oscilando éstas entre unas 50 a 60 millones de personas fallecidas en 6 años, y de otros más pesimistas, estimando a más de 70 millones.

******

Devastadora guerra

Devastadora guerra
dejando un fúnebre rastro,
de esa ignorante lucha
que la hicieron entre hermanos.

Metralla y gritos de agonía
de estos seres humanos,
por la lucha encarnecida
de esta sangre derramando.

Familias y seres queridos
que cayeron en la contienda,
por envidias y orgullo
de un combate sin enmienda.

Muertos y más muertos
tendidos sobre la yerba,
creciendo tiempo más tarde
rosas rojas que la hicieran.

Difuntos clamando están
por la paz en la tierra,
de exterminios nefastos,
segando sus vidas en la gleba.

Poema a todos los caídos.
Del escritor, poeta y compositor Carlos Ortega Serrano

3

La dictadura franquista

A partir de 1939, Franco se convirtió en el gobernante absoluto de España. El franquismo, enemigo del marxismo y anarquismo, rechazó también el liberalismo político y la democracia.

Así el franquismo instituyó un Estado caracterizado por un autoritarismo extremo, de la siguiente forma: Nació como una dictadura inspirada en el modelo italiano y alemán, se prohibieron todos los partidos políticos excepto el partido único de la Falange Española tradicionalista y de las JONS. Franco se atribuyó el título de Caudillo de España y Generalísimo de todos los ejércitos, se abolió la constitución de 1931, supresión del derecho de huelga, abolición de los estatutos de autonomía por los nacionalismos vasco, gallego y catalán, instaurando la censura a los medios de comunicación, de ir en contra del régimen franquista, entre otros.

La Iglesia católica respaldaba a la dictadura franquista, sosteniendo la idea de que Franco gobernaba por la voluntad de Dios. En el nuevo Estado no existía una verdadera separación de poderes, el poder ejecutivo recaía exclusivamente en Franco, el legislativo en unas Cortes cuyos miembros se elegían sólo entre los partidarios incondicionales del régimen y el judicial en unos magistrados de esas mismas condiciones. El Estado ejercía un rígido control político e ideológico de la población. La única realidad política admitida era el nuevo régimen dictatorial.

Al terminar la Guerra Civil, la situación económica de la sociedad española, era penosa. El franquismo impuso la colaboración obligatoria de empresarios y trabajadores, además, prohibió el cierre patronal y la huelga, y estableció la afiliación obligatoria en un solo sindicato.

Ni la situación interna, ni la situación internacional, facilitaron la reconstrucción y recuperación de la economía española. La II Guerra Mundial no contribuyó al realzamiento económico. España entró en una fase de aislamiento internacional que, junto con algunos años de sequías y malas cosechas, acentuaron la pobreza extrema de la población española y consolidaron un sistema de racionamiento.

La oposición, tanto entre el conjunto de movimientos políticos y sociales, como también internacionalmente, se opusieron al franquismo o dictadura de Francisco Franco, desde el término de la Guerra Civil Española en el año 1939, hasta las primeras elecciones democráticas en 1977, año y medio después de la muerte de Franco en 1975.

En los años siguientes, mucho después de la Guerra Civil Española, culminó el reconocimiento internacional del régimen franquista. El 26 de septiembre de 1953 tuvo lugar la firma de los acuerdos hispano-norteamericano en tres tratados internacionales, siendo el más importante el que contemplaba la construcción de bases militares norteamericanas en suelo español, por los que Estados Unidos concedió al entonces anticuado ejército español ayuda técnica y un total de 226 millones de dólares para su modernización y por si se diera el caso, hacer frente a unos potenciales "peligros comunistas". A través de esto, los EEUU pudieron instalar tres bases aéreas y una naval en España. Las bases aéreas en: Zaragoza, Torrejón de Ardoz (Madrid) y Morón de la Frontera (Sevilla), y la base naval en Rota (Cádiz). Dichos tratados fueron firmados en El Palacio de Santa Cruz de Madrid por Alberto Martín Artajo –entonces Ministro de Asuntos Exteriores– y el embajador de Estados Unidos,

James Clement Dunn, los tres convenios enmarcados en el llamado pacto de Madrid.

En la situación económica, la producción alcanzó por fin los índices de la posguerra, lo que permitió el abandono del sistema de racionamiento y se inició un desarrollo industrial considerable. Gracias a estas medidas se logró frenar el alza de los precios y aumentar la competitividad de la economía española.

Entre los años 1961 y 1973, con la inversión de capital extranjero, la industria recibió el impulso definitivo y creció la exportación. La apertura de fronteras hacia Europa, facilitó la emigración de miles de trabajadores y la entrada de millones de turistas.

Por otro lado, una parte de la intelectualidad reclamaba la modernización social y la democratización política del país, pero el franquismo, indiferente a los cambios sociales, permaneció fiel al inmovilismo político y a las prácticas represivas. En los años 60 la respuesta habitual a las demandas del movimiento obrero y estudiantil y a los llamaditos de la clandestina oposición fueron los llamados Estados de Excepción, durante los cuales se suspendían los derechos contenidos en el Fuero de los españoles, el cierre de la Universidades, los juicios y condenas carcelarias, e incluso las ejecuciones de los opositores del régimen. En aquellos años se nombró a Juan Carlos de Borbón como futuro sucesor a título de rey.

En 1973, Franco renunció a ejercer a la vez las funciones de Jefe y Presidente del Gobierno por encontrarse enfermo, para ese puesto eligió al almirante Carrero Blanco, que era la persona que representaba la garantía del continuismo del franquismo después de Franco, pero, a finales de 1973, murió asesinado en Madrid, víctima de un atentado de ETA. Para sucederle, Franco designó a Arias Navarro, un experto en orden público.

En 1974, al enfermar más gravemente Franco, este designó a don Juan Carlos de Borbón para la Jefatura del Estado, acatando este bajo juramento, los Principios del Movimiento Nacional, destinados a perpetuar el régimen franquista. Sin embargo, no lo hizo, aunque se basó en ellos para promover el Referéndum de la Reforma Política. Su resultado fue, el 94% a favor de la reforma, iniciando la Transición Española hacia la democracia parlamentaria.

Como podemos observar a través de dicho referéndum, la mayoría de los ciudadanos españoles apostaron por el cambio, por la nueva reforma política.

Finalmente, el 20 de noviembre de 1975, fallecía Franco en el Hospital de la Paz (Madrid) a las 5 y 20 de la madrugada, cerrándose así el periodo de la dictadura franquista.

******

Atados

Atados de pies y manos
con ligaduras oprimidas,
sin tener las libertades
en esta España podrida.

Amordazados estuvimos
con la mordaza en la boca,
no pudiendo reclamar
aquello que nos toca.

Guardianes tuvimos
en esta sombría patria,
los cuales implantaron
la dictadura nefasta.

Hubo caudillo para rato
en esta autarquía aciaga,
sin beberlo ni quererlo,
quedando en la estacada.

La esperanza nos quedó
de abolirla con destreza,
del aquel insano franquismo,
dejándonos una mísera huella.

Poema a todos los españoles.
Del escritor, poeta y compositor Carlos Ortega Serrano

4

LA TRANSICIÓN ESPAÑOLA

Con la muerte de Franco el 20 de noviembre sobre las 4.20 horas de la madrugada de 1975 hasta las primeras elecciones del 15 de junio de 1977 y de la segunda legislatura de 1982, comienza el proceso político de la transición española, teniendo como objetivo devolver la soberanía al pueblo y restablecer la democracia. Se llevaron a cabo reformas políticas que terminaron con el sistema franquista, bajo la presión de las fuerzas de izquierda y democráticas.

El 22 de noviembre de 1975, Juan Carlos I de Borbón juró ante las Cortes como rey y jefe del Estado con todos los poderes absolutos, pero con un papel muy difícil e importante que resolver.

Carlos Arias Navarro, había sido nombrado por Franco presidente del gobierno, pero fue por poco tiempo, ya que éste acabó dimitiendo el 1 de julio de 1976 porque no se entendía bien con el rey Juan Carlos I, sobre todo por las reformas democráticas que hacía. No nos olvidemos que Carlos Arias Navarro quería seguir más o menos con el mismo sistema de Franco. Arias Navarro sería sucedido en el cargo por Adolfo Suarez, quien se encargaría de entablar conversaciones con los principales líderes de los diferentes partidos políticos y fuerzas sociales, de cara a instaurar un régimen democrático. La Monarquía parlamentaría entra en 1977.

Este gráfico nos muestra los resultados electorales de las primeras elecciones generales españolas. La información nos viene dada por los partidos: DCC, EDC, PDC, PNV, PSOE, UCD.

Resultado elecciones 1977 (15 junio)		
	Escaños	***Votos***
UCD	*166*	*34,6%*
PSOE	*118*	*29,3%*
PCE	*20*	*9,4%*
AP	*16*	*8,3%*
PDC	*11*	*2,8%*
PNV	*8*	*1,7%*
OTROS	*11*	*13,9%*

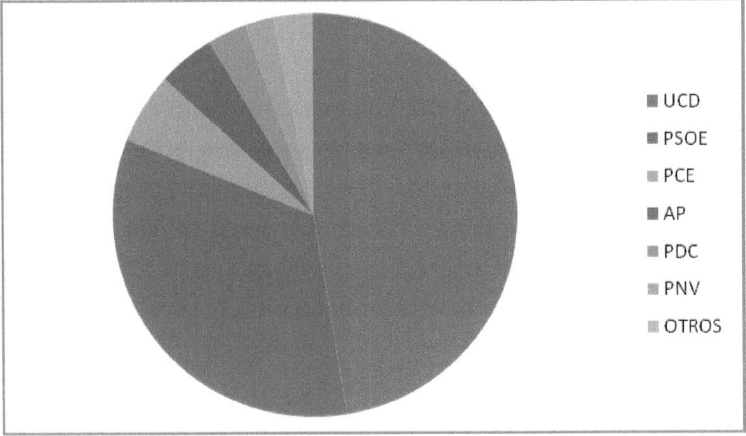

En el senado hay una designación real de 41 senadores. El mayor número de diputados es para la UCD (106), seguidos del PSOE con 48, después nos encontramos pequeños grupos como, EDC con 15 y Alianza Popular con 2 escaños.

Los resultados electorales de las primeras elecciones españolas, están directamente relacionados con los años anteriores a dichas elecciones, en los que Suarez (fundador de la UCD) ya había gobernado por orden del rey y quizá esto hizo que alcanzara ese nivel de votos, como también el miedo aún existente de los españoles de votar por la izquierda. Después encontramos al PSOE, que también tiene un alto nivel de votos. De estos dos grandes grupos, no destaca mucho ningún otro.

En el senado, 41 senadores fueron designados por la realeza para proporcionar algo de estabilidad. Esto desaparece con la aprobación de la Constitución. También están los dos grandes: la UCD y PSOE.

En las primeras elecciones generales españolas triunfó la UCD seguida por el PSOE, lo que se seguirá repitiendo en la siguiente elección de 1979.

En el siguiente gráfico se muestra el número de escaños del Congreso desde 1977 hasta 2004. Se observa que el PSOE tiene una gran subida desde 1978 hasta 1982. Luego va descendiendo poco a poco hasta el año 1998 donde vuelve a subir. El PP comienza muy abajo y empieza a subir a partir de 1980 hasta 1982 donde se mantiene aproximadamente 7 años y sigue subiendo hasta el 2000 donde vuelve a bajar. IU (antiguo PCE) se mantendrá desde 1977 hasta 2004 en unos escaños muy bajos. La UCD no figura, ya que desaparece años más tarde después de ganar las primeras y segundas elecciones de 1977 y 1979.

Evolución de los resultados en las diferentes elecciones generales

Número de escaños en el Congreso (1977-2004)

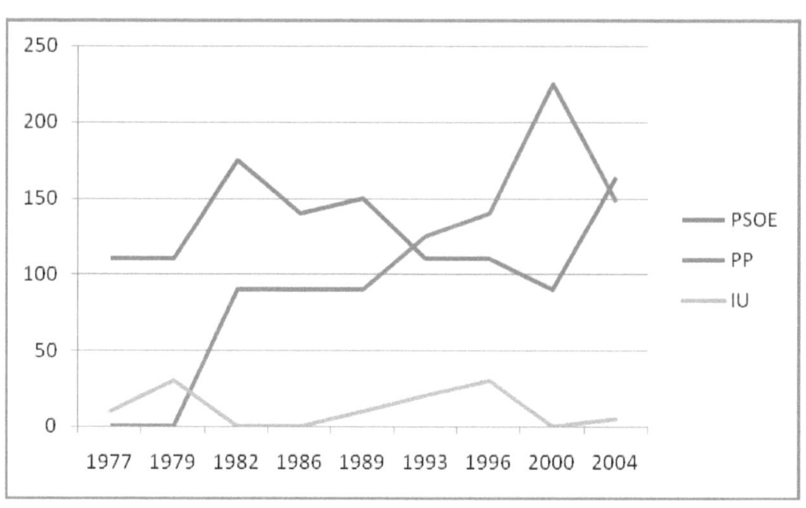

El 29 de enero de 1981 Adolfo Suarez presenta su dimisión tanto como presidente del Gobierno como de Unión de Centro Democrático (UCD) debido al cansancio, a la falta de apoyo de la corona, a las presiones internas de su partido, a las amenazas militares, etc. Su mensaje emitido a través de Televisión Española, el cual duró aproximadamente doce minutos, sobre las 19.40 horas, entre otras cosas dijo:

–Yo no quiero que el sistema democrático de convivencia sea, una vez más, un paréntesis en la historia de España.

El 25 de febrero de 1981, el rey le concede el título nobiliario español de Duque de Suarez en reconocimiento a su labor durante el proceso de la transición a la democracia como presidente de Gobierno entre los años 1976 y 1981.

En la celebración de la votación en el Congreso de los Diputados, fue elegido como presidente Leopoldo Calvo Sotelo, día en el que se produce el golpe de Estado dirigido por los cabecillas Antonio Tejero Molina (Teniente Coronel de la Guardia Civil), Alfonso Armada y Comyn (General de División del ejército) y Jaime Miláns del Bosch y Ussía (Teniente General del ejército), entre otros. El golpe conocido como el 23-F, fracasó.

En muchas de las revistas y diarios nacionales pudimos ver toda clase de informaciones y fotografías de esta acción, sobre todo a través de los medios televisivos de este asalto al Congreso de los Diputados el día 23 de febrero de 1981, correspondientes al intento de golpe de Estado llevado a cabo por los conspiradores.

En una de las fotos más emblemáticas que dio la vuelta al mundo, aparece en la foto con pistola en mano y brazo alzado el Teniente Coronel de la Guardia Civil *Antonio Tejero Molina*, el cual desde la tribuna, gritó "¡Quieto todo el mundo!" Dando orden seguidamente de que todos se tirasen al suelo. El operador de Televisión Española señor Pedro Francisco Martín, gravó más de media hora el angustioso momento, aportando al mundo un documento audiovisual de valor incalculable sobre la tentativa de golpe de Estado.

El nuevo Presidente Sr. Leopoldo Ramón Pedro Calvo-Sotelo y Bustelo 14.04.1926 - 03.05.2008 de profesión ingeniero de caminos, canales y puertos, perteneciente al partido FETT y de las JONS y de UCD, fue investido Presidente de Gobierno de España el 26.02.1981- 02.12.1982. Su investidura parlamentaria (requirió dos votaciones, al no obtener mayoría absoluta en la primera). Tras la presidencia, en agradecimiento a sus servicios, el 25.06.2002 el rey Juan Carlos I le confirió el título de (marqués de la Ría de Ribadeo, con grandeza de España).

La labor del nuevo ejecutivo estuvo marcada por el intento fallido de golpe de Estado. Entre sus realizaciones cabe destacar:

Política interior:

- Dialogo con la oposición.
- Juicio contra los golpistas del 23F.
- Aprobación de la Ley de divorcio (22-06-1981).
- Aprobación de la LOAPA -proceso autonómico- (30-06-1982).

Política exterior:

- Adhesión de España a la OTAN (30-05-81).

******

Resumen:

–La transición española es el paso de la dictadura franquista a la actual Democracia, que se produce tras la muerte del General Franco en 1975.

–Se produjo, sin embargo, en un difícil contexto: el recuerdo de la Guerra Civil, la inexperiencia política, la crisis económica y los atentados terroristas de diferente signo.

–La Constitución española fue aprobada en referéndum el 6 de diciembre de 1978, la cual entra en vigor el 29 de diciembre. Garantiza las libertades y los derechos de los ciudadanos, fija y regula la forma política de la Monarquía parlamentaria y define los órganos del Estado y su administración.

–Hay que destacar la descentralización de la organización político-territorial del Estado, el "Estado de las Autonomías", caracterizado por un amplio autogobierno regional.

–La España reciente también ha vivido importantes transformaciones de las pautas demográficas, sociales y culturales de nuestro país.

–La llegada de la Democracia ha permitido un mayor proceso de apertura de España al mundo, tanto política como económica y culturalmente.

–La integración de España en la Unión Europea en 1986, con la apertura del país y las políticas de ayudas, ha supuesto un factor de modernización decisivo para la economía española.

–También ha permitido al pueblo español participar de pleno en la "ciudadanía europea", con plena libertad para viajar, estudiar, vivir y trabajar en los estados miembros de la Unión.

******

Presidentes de gobierno de la Democracia hasta el 2015:

Adolfo Suarez	UCD	1976-1981
Leopoldo Calvo Sotelo	UCD	1981-1982
Felipe González	PSOE	1982-1996
José María Aznar	PP	1996-2004
José Luis Rodríguez Zapatero	PSOE	2004-2011
Mariano Rajoy	PP	2011-...

Después de todo este cambio, desde el término de la dictadura franquista el 20 de noviembre de 1975 hasta el comienzo del siglo XXI, este tiempo fue todo un gran reto del pueblo español sin otra guerra civil, ya que había mucha gente seguidora del franquismo (no nos olvidemos de los militares) los cuales intentaron el golpe de Estado el famoso día 23-F- (23 de febrero de 1981). Se trabajó duro, consiguiendo por primera vez en la historia una democracia joven, libre y estable.

Fuimos felicitados por todos los países democráticos por entrar en la democracia sin problemas y sin ningún derramamiento de sangre, ya que muchos países veían casi imposible que esto sucediera después de haber estado alrededor de 40 años dentro de una dictadura fascista con las manos atadas.

******

Adhesión de España a la Unión Europea:

Después de casi 7 años de conversaciones (de transición), el 12 de junio de 1985, el que fuera presidente del Gobierno, Felipe González, estampaba su firma en el tratado de adhesión a la Comunidad Económica Europea (actualmente Unión Europea), en el Salón de Columnas del Palacio Real de Madrid, entrando en vigor el 1 de enero de 1986. Al igual que ocurría en Portugal.

Tras esta adhesión, se produjo en España un periodo de prosperidad económica sin igual, en el que durante 5 años seguidos logró el mayor índice de crecimiento de toda la Comunidad.

Y no es para menos, ya que gracias a la ayuda de los fondos europeos que España estuvo recibiendo durante esos años y otros muchos más, se modernizó de tal manera, que ya se construían cosas que nunca se iban a usar, como sucedió con algún aeropuerto, edificios para actos culturales, etc. Claro, como el dinero nos caía del cielo, lo gastábamos a manos llenas sin saber realmente si necesitábamos dichas construcciones, y otras cantidades de dinero que desaparecían por arte de magia de algunos personajes de guante blanco.

En estos casi 30 años, España es la mayor beneficiaria de ayudas de toda la Unión Europea. Solo de los fondos estructurales, más de

150.000 millones de € en todos estos años, fueron para financiar casi el 50% de las grandes obras públicas, como: las líneas ferroviarias de alta velocidad para el AVE; el aeropuerto de Palma; la T-4 de Barajas; algunas autopistas y autovías; modernización de las redes de distribución de pueblos y ciudades; la agricultura; etc.

Según datos del ministerio de Economía, España recibió de la Comunidad Europea más de 230.000 millones brutos, eso sin contar con otras ayudas directas que no pasan por las arcas del Tesoro.

Esto significa que hasta ahora hemos sido ayudados por la Unión Europea, pagando naturalmente como todos los demás países nuestro aporte anual, pero recibiendo mucho más de lo que hemos dado. Claro que ahora con el aumento del Club Comunitario de 28 países miembros, a partir del 2014 España se ha convertido en un contribuyente neto. O sea, aportará más de lo que recibirá.

Esta adhesión junto con la estabilización de la recién instaurada democracia, además del progreso económico, supuso la salida del aislamiento internacional que padecía España desde la Declaración de Potsdam, Alemania (cerca de Berlín) entre el 17 de julio y el 2 de agosto de 1945, la cual se efectuó en el *Palacio Cecilienhof*. Los participantes fueron las tres potencias más poderosas de los aliados: la Unión Soviética, el Reino Unido y Estados Unidos, fueron los que derrotaron a las potencias del EJE en la Segunda Guerra Mundial. Siendo los jefes de Gobierno: el secretario general del Partido Comunista de la Unión Soviética (Lósif Vissariónovich Stalin), el primer ministro Británico (Winston Churchill) y el presidente norteamericano (Harry S. Truman) respectivamente. Estas tres naciones acordaron entre otras cosas, la devolución de todos los territorios de Europa anexionados por la Alemania Nazi desde 1938 y la separación de Austria; la persecución de los criminales de guerra nazis; el ultimátum a Japón de su rendición sin condiciones; la negativa a la entrada de España en la Organización de Naciones Unidas (ONU), etc.

Hoy España con algo más de 47 millones de habitantes, goza de unos privilegios excepcionales como socio comunitario de la Unión Europea, pero desgraciadamente con un alto índice de paro con más de seis millones de personas que están sin trabajo, y una tasa del 27,16% aproximadamente, correspondiente al 25 de abril de 2013, frente al de Alemania con una población de algo más de 82 millones de habitantes y una tasa de paro del 5,4% en el mismo mes y año.

Como pueden apreciar la diferencia es abismal, ya que la población alemana supera casi el doble de habitantes que el de España, y sin embargo la tasa de paro es mucho más baja.

******

La crisis económica española:

La crisis económica española también llamada Gran Recesión o depresión económica española, trata sobre la crisis económica que se inició en el 2008, y creo que esto va para largo, como mínimo bajo mi criterio hasta el 2020, al menos para España, pues no solo es la crisis mundial, sino también por la corruptela que hay en el país, gracias a muchos de los políticos corruptos que actualmente tenemos, no solamente los que están gobernando en este año de 2015, sino también los de la oposición y otros que están por debajo, ya que parte de esta crisis está siendo originada por estos corruptos, los cuales muchos de ellos no saben gobernar una nación.

Esta crisis está afectando a la mayor parte de países del mundo, en especial a los más desarrollados.

La crisis mundial para España supuso un duro golpe, ya que con la misma surgieron otros problemas: el final de la burbuja inmobiliaria, la crisis bancaria, crisis social, institucional, territorial, política… y con esta explosión llegó el aumento brutal de desempleo con la desorbitante cifra de más de seis millones de personas sin trabajo en España.

Aquí no vamos a entrar en dar explicaciones del porqué de esta crisis mundial, ya que lo que nos interesa a nosotros es la crisis que está atravesando y padeciendo España.

Aparte de que la crisis sea mundial o no, pienso que cada país tiene que luchar por sus propios problemas, intereses y de sus ciudadanos, pero lo que no se puede hacer, es nadar en contra de la corriente, pues cuando tenemos en las filas de nuestros políticos una corrupción constante, la cual va cada vez en aumento y está perjudicando más a nuestro país, no podremos hablar de mejoras en el ámbito político, económico, sociocultural, etc.

Seamos realistas, estamos ante una casi genérica amalgama de delitos que se atribuyen a muchos de estos individuos, los cuales seguirán actuando dentro de la corrupción, sino detenemos antes a todos estos delincuentes.

Pienso que la enfermedad hay que atajarla cuanto antes, ya que ésta está bastante infectada y no podemos dejar que llegue a gangrenarse, pues de ser así tendríamos que cortar de cuajo todo lo malo, lo cual sería bastante difícil hacerlo, ya que a largo plazo entrarían muchos más a tener esta infección, "infectados de corrupción" y serían igual que esos granujas corruptos, pues al no tener trabajo ni medios para subsistir, entonces formarían parte de su mismo clan, aunque de menor escala.

Esta es la bonita y maravillosa España de la transición, que si bien comenzamos con fuerte pié gracias a la lucha constante del pueblo español de querer unas libertades democráticas y también gracias a las ayudas concedidas de la Unión Europea, no lo es ahora por la drástica situación que todos estamos padeciendo por culpa de ciertos personajes del Gobierno que no saben solucionar los gravámenes existentes por los que está atravesando nuestro país.

Solo escuchamos mentiras tras mentiras, tópicos que ya huelen mal de tanto escucharlos. De que España está comenzando a salir de la recesión; que hay menos parados que el año anterior; que para el año entrante tendremos una mayor mejora económica; y un bla, bla, muy cansino.

A veces pienso que los que gobiernan quieren hacer tontos a los ciudadanos, y el pueblo sabe ya muy bien por experiencia qué clase de corruptos tenemos ante nosotros, individuos sin escrúpulo alguno que solo piensan en ellos mismos.

******

La transición

Ha llegado por fin
la transición anhelada,
por tanta espera sufrida
en nuestra madre patria.

Años de luto tuvimos
en esta ciénaga tierra,
sembrada de difuntos
de aquella bastarda guerra.

Gritos sordos libertarios
se escuchaban en las mentes,
como trompetas sin sonido
en las noches crecientes.

Ya no estamos oprimidos
de aquel yugo candente,
se ha apagado la hoguera,
enfriándose para siempre.

Libres y jubilosos
sin las llamas que nos quemen,
ya estamos en el cambio,
"el que tanto nos prometen".

Poema a todos los españoles.
Del escritor, poeta y compositor Carlos Ortega Serrano

5

LOS PARTIDOS POLÍTICOS

Sobre estos entes políticos cabe destacar, la cantidad actual de los mismos existentes. Y no es de extrañar, ya que es el trabajo más seguro a largo plazo que existe para no estar en el paro y asegurarse un sueldo muy bien remunerado mensualmente, sino también de las muchas posibilidades que ofrece el mismo, para que ciertos individuos que están dentro de la política puedan hacer y cobrar otros trabajos sin que nadie se entere, aparte de las muchas facilidades que tienen a través del tráfico de influencias, de hacerse con dinero de otras personas también delincuentes que ofertan a estos dirigentes algunas cantidades de dinero entre otras cosas para conseguir aquello que quieren, sin que en la mayoría de los casos sean culpados y detenidos por la justicia por toda esta trama de cosas. Y digo que es el trabajo más seguro y que siempre lo fue, el de pertenecer y trabajar en uno de estos partidos políticos, por la cantidad de ellos que hay.

En España hay casi 4.000 formaciones políticas registradas. Fuentes acreditativas como el Registro de Partidos Políticos del Ministerio del Interior, contabilizaba a finales de agosto de 2011 exactamente 3.929, incluyendo partidos, federaciones, alianzas o uniones... siendo la gran mayoría formaciones de ámbito local o regional. De todas ellas, solo unas 36 formaciones políticas obtienen representación, entre otras que van saliendo. Como bien dice el refrán (éramos pocos y parió la abuela), aunque yo más bien diría (éramos pocos y la abuela sigue pariendo sin parar). ¿Necesitamos tantos partidos políticos para dirigir una nación?

Pienso que es una total aberración. Más bien creo que esto sucede para que ciertos sujetos puedan aferrarse, no solo para asegurarse un buen futuro como bien dije antes, sino también para estar amparados bajo la ley en momentos críticos del país, entre otras cosas, ya que tanto políticos como otros funcionarios, son los últimos que se les puede tocar, valla o no mal el país. Es alarmante la cantidad de personas que integran estos entes políticos entre otros que engrosan cada vez más este círculo vicioso no necesitado.

Las cifras lo dicen bien claro. Aunque unos tiran bastante hacia abajo porque no les interesa decir la verdad, otros lo hacen hacia muy arriba para exagerar e intentar con esto poner en evidencia a los contrarios, pero la verdad, es que buscando una exhaustiva cantidad entre las variadas interpretaciones, diremos que estamos por encima de las 450.000 personas que trabajan en los mismos. ¿Anormal verdad? La cifra de políticos y funcionarios en España es escalofriante si pensamos que en nuestro país no hay más de 47 millones de habitantes, contando también a los extranjeros que residen en España

Según informaciones creíbles, en España hay más de 2,6 millones de empleados públicos entre estatuarios, funcionarios de carreras y laborales fijos, a los que hay que sumar los más de 450.000 políticos que anteriormente nombré, de los cuales más de 300 mil son cargos de confianza nombrados a dedo y más de medio millón de funcionarios camuflados en miles de empresas públicas, tienen por objeto que los políticos puedan cobrar remuneraciones enormes, como directores, ejecutivos y miembros del consejo de administración.

Muchas de estas empresas no realizan ninguna actividad, y en otros, los puestos son en propiedad y hereditarios. A toda esta jungla hay que añadir los miles y miles de trabajos subcontratados a la empresa privada, como: escoltas, vigilantes, limpieza, etc. Concluyendo, en España hay más de 3,6 millones de funcionarios, sin contar 65.130 liberados sindicales, 31.210 liberados patronales, 60.927 clérigos, etc.

Es preocupante la cifra de estos individuos con traje y corbata que muchos de ellos nos hacen creer que hacen algo. Lo más gracioso es cuando van a una demostración por la calle, o hacen un mitin con sus afiliados, etc. se ponen otra vestimenta, o sea van de sport, dejando de lado el traje y la corbata. ¿Qué significado tiene esto? Pues con esta actuación quieren hacernos ver y creer que son como los demás obreros, cuando no lo es, ya que como bien dice el dicho, "Aunque el mono se vista de seda, mono es y mono se queda" Pienso que lo único que hacen muchos de estos tipos, es "Mucho ruido y pocas nueces".

¿Y qué me dicen ustedes de muchos de los políticos que nos hacen creer que tienen una carrera terminada, siendo esto y aquello sin ser cierto? En el diario *EL PAÍS* de 29.01.2015 vemos algunos nombres de estos personajes, como:

- **Tomás Burgos (PP).** El actual secretario de Estado de Seguridad Social hizo constar en sus ficha del Congreso, durante tres legislaturas, que era licenciado en Medicina, algo que no era cierto.
- **Elena Valenciano (PSOE).** El Parlamento Europeo la presentó como licenciada en Derecho y Ciencias Políticas, dos carreras que no terminó.
- **Juan Manuel Moreno Bonilla (PP).** En distintas biografías en el Congreso ha figurado como licenciado en Dirección y Administración de empresas, luego solo con estudios en esa materia y después como máster en ADE- Dijo que fue un "error".
- **Joana Ortega (Unió Democrática).** Disculpas por incluir en la web oficial de su departamento que era licenciada en Psicología, cuando en realidad le faltaban dos asignaturas.
- **Joaquín Ramírez (PP).** El ex presidente del PP de Málaga se presentó como licenciado en Derecho Aunque todavía no había terminado esos estudios.

Creo que se debería prohibir el registro de más organizaciones políticas y eliminar la mayoría de ellas que actualmente existen, ya que ello traería consigo una mejor fluidez de respiro para la caja del Estado y también una mejora para los ciudadanos, ya que de esta manera no habría tanta confusión de partidos a la hora de votar. Con seis formaciones políticas que tuviéramos serían más que suficientes para saber quien hace y quién no. Aquí es donde hay que hacer los recortes (menos trajes y corbatas) y no en la sanidad, ni en lo cultural, etc. El pueblo español ya está harto de tanta injusticia y de tanta poca vergüenza. Cada día que pasa con las actuaciones de estos "señores" va disminuyendo la credibilidad total de estos elementos nefastos que nos llenan de promesas utópicas a base de tópicos constantes.

¿No se han dado cuenta ustedes que la mayoría de ellos están muy bien equipados físicamente, "gorditos y sonrientes por la buena vida que llevan" (dicho vulgarmente)? Esto sucede porque los mismos no tienen mucho que pensar y hacer por el país, ya que la única preocupación que tienen es que no les falte de nada a ellos mismos, y contra más tengan mejor, sin preocuparles en absoluto como les va a los ciudadanos. Sin embargo, algunos de los más "delgaditos", se podría decir que son los únicos que por su acometido político por resolver cuestiones de estado y demás, no pueden acumular grasas como los primeros por mucho que coman, ya que estos por las muchas preocupaciones internas que tienen, son los que verdaderamente se preocupan de querer hacer algo por la patria. Irónico lo dicho, pero real.

Me llama mucho la atención cuando ha habido algunos sujetos tanto mujeres como hombres, que se marcharon de sus respectivos partidos políticos donde ejercían sus funciones por no estar de acuerdo con algo, o más bien porque no consiguieron hacer lo que querían, con lo cual registraron otras formaciones políticas como fue el caso de Rosa Diez del PSOE, ahora (UPyD) fundado el 26.09.2007 de ideología Progresismo y otros, o el de Francisco Álvarez Cascos del PP, ahora (FORO) fundado el 18.01.2011 de ideología política conservadurismo, entre otros. Se me antojan estas acciones como "la traición que hizo Judas Iscariote sobre Jesús por 30 monedas de plata".

¿Qué manera es esta de cambiarse la camisa, de pasar de una formación política a otra aunque sea de una misma izquierda o de derecha? Yo lo tengo naturalmente claro, ya que como en sus anteriores partidos no conseguían llegar a tener los más altos cargos, entonces decidieron hacerlo abriendo los nuevos partidos, así de esta manera tan sutil se proclaman automáticamente los secretarios/as generales o presidentes de los mismos, los cuales siguen las mismas directrices y creencias de los anteriores partidos, pero con otras siglas, o sea, como estando en la oposición del mismo partido. Esto parece también una buena jugada, conseguir dos pájaros de un tiro al mismo tiempo. ¡Valla con ciertos españolitos!

Otro de los casos incomprensibles en la política española, es el poco compañerismo que hay en las formaciones políticas dentro de un mismo partido, como es el caso por ejemplo de la Presidenta actual de la Junta de Andalucía señora Susana Díaz, la cual fue propuesta por este último presidente de la Junta señor Griñán hasta ese momento, el cual decide no concurrir de nuevo como candidato por estar imputado junto al señor chaves por corrupción en el caso de los ERE, y la propone para dicha presidencia.

Tras el debate de investidura celebrado los días 4 y 5 de septiembre de 2013, obtiene 58 votos favorables correspondientes al PSOE e Izquierda Unida, frente a 48 votos en contra por parte del PP, siendo investida por 10 votos de diferencia como nueva presidenta de la Junta de Andalucía el 7 de septiembre de 2013. Asistieron a la jura de su cargo de este acto solemne, casi todos los altos cargos del PSOE incluido el ex presidente del Gobierno José Luis Rodríguez Zapatero entre otros. Pero el 25.01.2015, casi un año y medio más tarde como presidenta de la Junta de Andalucía, rompe el pacto de gobierno con IU que le permitía gobernar, y disuelve la Cámara del Parlamento Andaluz, acortando un año de legislatura y adelantando las elecciones autonómicas en Andalucía para el 22 de marzo de 2015. A este acto los partidos de la oposición la acusaron de imponer el calendario electoral con el propósito de presentarse a las primarias para ser candidata de su partido a los comicios nacionales. Lo cual ella negó. Aunque Izquierda Unida (IU) ha apuntado que el adelanto electoral pueda ser también un intento de la presidenta de la Junta de Andalucía, Susana Díaz, para evitar una investigación parlamentaria sobre la utilización de los fondos.

Como podemos apreciar, esta señora y sus aliados de la Junta no están respetando los principios éticos y profesionales de la dirección general del partido socialista, ya que el que está nominado para las elecciones generales para la presidencia del Gobierno es el actual Secretario del PSOE señor Pedro Sánchez Pérez-Castejón, más conocido como Pedro Sánchez.

Y digo esto, porque parece ser que a esta señora se le han subido las "calorías de poder" a la cabeza en tan corto tiempo como presidenta de la Junta de Andalucía, la cual no contenta con su cargo, ya que su objetivo prioritario es lograr la victoria para legitimar en las urnas una Presidencia que hasta ahora ostentaba de manera heredada, (tal y como en su día lo fue el señor Griñán), pues ninguno de estos dos últimos mandatarios de la Junta de Andalucía ha ganado unas elecciones, y no es de extrañar, ya que los ciudadanos andaluces se han acostumbrado a que les cambien el presidente sin consulta alguna. Ahora la "presidenta actual" hizo en marzo estas elecciones andaluzas, como también aprovechando las divergencias que hay dentro del PSOE, competir sin lugar a dudas con el actual secretario del PSOE Pedro Sánchez y conseguir estratégicamente liderar la secretaria general del partido, y como postre, presentarse a las generales para "llegar a la Moncloa". No me extraña en absoluto.

El Secretario General del PSOE lo tiene bastante crudo, ya que el enemigo lo tiene en el propio partido ¡Qué recorrido está haciendo esta señora! ¿Hasta dónde llega el respeto y la unión mutua dentro de una misma formación política? ¿Cómo es posible que Susana Díaz no haya tomado aún cartas en el asunto sobre Chaves y Griñán, los cuales están imputados por el caso de los ERE, cuando ella habla constantemente de transparencia y presumiendo de limpieza en su lista electoral? No va contra ellos porque fueron los impulsores para que ella fuera la presidenta de la Junta de Andalucía, o sea, sin los votos correspondientes de los ciudadanos.

La corrupción en Andalucía con mil imputados y casi 6.000 millones de euros defraudados bajo sospecha, no es para lanzar campanas al viento. Desde el escándalo de Juan Guerra destapado en 1989, hasta el reciente fraude masivo de los cursos de formación, sin olvidar la operación Malaya o el escándalo de los ERE, entre otros, es todo un expolio sin precedentes.

El logro electoral de las elecciones regionales andaluzas el 22.03.2015 fue: **PSOE con 47 escaños; PP con 43; Podemos con 15; Ciudadanos con 9; IU con 5; UPyD sin representación** (aquí a Rosa Diez le salió el tiro por la culata). El "capricho" electoral de la presidenta costó a los andaluces 11,8 millones de euros. Susana Díaz ganó las elecciones, ahora tiene que dar lo prometido al pueblo andaluz, sobre todo demostrar su transparencia "anticorrupción", obligando a dimitir de sus escaños a los dos ex presidentes de la Junta de Andalucía Manuel Chaves y José Antonio Griñán imputados por presunta corrupción, y todos los corruptos devuelvan el dinero robado de las arcas del Estado.

Después de tres intentos a través de las votaciones para ser elegida presidenta de la Junta de Andalucía de la décima legislatura, 81 días después de la celebración de las elecciones autonómicas de 22.03.2015, ya que solo contó con el voto a favor del PSOE-A, mientras que las cuatro formaciones de la oposición votaron en contra, por fin, a la cuarta vez se llegó a un acuerdo con el partido de Ciudadanos (C´s) para que Susana Díaz siga presidiendo el gobierno andaluz, con lo cual fue investida Presidenta de la Junta de Andalucía el 11.06.2015 tras el pacto firmado entre ambos partidos con tres apartados sobre transparencia y regeneración democrática, economía y defensa de la sanidad y la educación. Unos acuerdos en los que no aparece de forma explícita la exigida, en otra hora, **dimisión de Chaves**, y donde Ciudadanos ha aceptado los argumentos de Susana Díaz de que **pedirá el acta del ex presidente de la Junta si el TS mantiene su imputación**.

Esperemos que el partido de Ciudadanos no se haya equivocado por haber pactado con el PSOE-A la investidura de Susana Díaz, sobre todo los votantes de C´s los cuales se habrán llevado una gran decepción por esta actuación. Tampoco ha sido bien visto por el resto de formaciones políticas. Ahora si tal decisión sale mal, se podría decir al partido de Ciudadanos (C's), "ya eres de los ERES de Andalucía".

Baruch Spinoza (1632-1677) el gran filósofo de la modernicidad, decía que la política es la ciencia aplicada en la que la teoría y la práctica se encuentran más distantes y por ello era acertado dejarla para los políticos. Esto es lo que pensarán hoy muchos analistas después de comprobar las preferencias políticas de los andaluces.

Como decía *El Mundo* en su artículo el 24.03.2015: Susana Díaz ha ganado las elecciones andaluzas y estará satisfecha, pero tendría que recordar lo que Sófocles (poeta trágico de la antigua Grecia) dice en su tragedia Filoctetes (héroe de la mitología Griega): "*Es grato conseguir la victoria, ten coraje… Después seremos honrados*".

También habrá elecciones municipales y autonómicas el 24 de mayo de 2015; catalanas el 27 de septiembre; y las generales el 20 de noviembre del mismo año, o sea, cuatro elecciones en un año. ¿No les parece vergonzoso este gasto? Pienso que todas estas elecciones deberían estar prohibidas hasta que no se cumplieran los 4 años de legislación vigente. ¿Dónde está el control de todo esto? ¿Qué clase de democracia y transparencia es esta? Solo buscan llegar al poder como sea, unos contra otros, caiga quien caiga.

Este es el compañerismo que hay actualmente en España dentro de una formación política, de algunas personas que son como las "hienas que se pelean por un trozo de carne podrida", queriendo llegar al máximo poder y al dinero aunque sean del mismo partido, o sea, sin respetar las decisiones mayoritarias del mismo. Así de esta forma no llegaremos nunca a ninguna parte, cuando los intereses de una nación deben de ser cuidados y respetados, buscando desinteresadamente el bien del país y de los ciudadanos, obteniendo los mejores resultados para todos a través del esfuerzo y el trabajo, y no malgastando el dinero a manos llenas del Estado en elecciones anticipadas y nefastas para su propio interés.

Muchos de los ciudadanos andaluces que fueron encuestados en Andalucía por los medios durante el mes de enero de 2015, respondían a la pregunta: si estaban contentos con la política actual y con el cometido de la Junta de Andalucía y de su presidenta, a lo que respondían unos y otros: **la situación sigue igual o peor**. Como vemos, el pueblo es el que vive, padece y tiene todo el derecho de reclamar a aquellos políticos que en definitiva no están solucionando los asuntos de su propia comunidad y la de sus ciudadanos, con lo cual estas personas que están al mando de la Junta dejen pasar a otros más competentes para el bien común y aparten de lado la avaricia de mirarse a ellos mismos, ya que están ahí porque han sido votados para dar soluciones positivas y no para sus intereses personales.

Nuestros políticos tendrían que involucrarse más en solucionar los problemas de los ciudadanos, empezando por los de mayor interés, como pueden ser los de sanidad, paro, cultura, mejor retribución salarial al obrero, mejoras a los pensionistas, etc. pero no, la sensación que dan muchos de estos tipos es la de su propio bolsillo, ya que constantemente en el Congreso de los Diputados lo único que hacen es tirarse la "pelota los unos a los otros", preparando reuniones acompañadas de almuerzos y cenas, mítines, elecciones, tanto las autonómicas, municipales y generales para obtener más votos y llegar a liderar de nuevo el Gobierno "por intereses personales y partidistas", pero de solucionar los problemas del país y de los ciudadanos, poco, solo quieren llegar a la cima con los votos del pueblo, pero una vez que lo tienen se olvidan de todo lo prometido. Estos políticos deberían emanar más humanismo y sapiencia.

Hay un dato muy curioso que vengo observando desde hace tiempo, y es cuando se produce el cambio de un Gobierno en una nueva legislatura, como fue el del PP. Veo algunos personajes en los medios de TV, como: directores; presentadores; periodistas; etc. son despedidos de sus funciones, como fue el caso de la periodista Ana Pastor García, la cual fue cesada de TVE 1 como presentadora del espacio *Los desayunos de TVE* que venía ofreciendo desde septiembre de 2009/12. Ciertos sujetos no quieren tener periodistas combativas y agudas que hagan preguntas muy transparentes, ni tampoco personal en estos medios que no sean del mismo partido.

******

Salario Mínimo Interprofesional (SMI):

Es el que fija la cuantía retributiva mínima que percibirá el trabajador referida a la jornada legal de trabajo, sin distinción de sexo o edad de los trabajadores, sean fijos, eventuales o temporales. El valor que toma el (SMI) se fija cada año por el Gobierno. Para el ejercicio 2014, el gobierno de España congeló dicho Salario, quedando igual que en el año anterior de 2013:

- Salario Mínimo Interprofesional - diario: 21,51 €/día.
- Salario Mínimo Interprofesional - mensual: 645,30 €/mes.
- Salario Mínimo Interprofesional - anual: 9.034,20 €/año.

Solo dos países en la Unión Europea tienen un Salario Mínimo Interprofesional más bajo que España: Portugal y Polonia. Por segunda vez desde que se creó hace casi 50 años, el gobierno decidió congelarlo, dejándolo en los 641,40 euros mensuales en 14 pagas regulados por Real Decreto en 2011.

El 26.12.2014 se publicó el real decreto 1106/2014, de 26 de diciembre, por el que se fija el aumento del salario mínimo interprofesional para el 2015. El nuevo importe fue el de 648,60 euros mensuales. El salario mínimo vigente en 2014 venían siendo 645,30 euros al mes, por lo que el incremento implica una subida del 0,5% en el periodo enmarcado entre el 1 de enero y el 31 de diciembre de 2015, o sea, 3,30 euros más que el importe del año anterior. ¿No es vergonzosa esta cantidad tan ridícula de aumento? Esto significa que España está en la antepenúltima posición dentro de la Unión Europea, o dicho de otra manera, estamos los terceros empezando por la cola. ¿No es apasionante que casi siempre estemos al borde de la misma? ¿Y a quién le debemos esta irrisoria posición? Pienso que la pregunta es bastante necia.

Alemania por ejemplo nunca tuvo el salario mínimo interprofesional, pero esto no quiere decir nada, ya que es una de las mejores naciones del mundo donde siempre ayudó socialmente a sus ciudadanos sin faltarles nunca de nada. Ahora, en forma de regulación para la Unión Europea como ya existe en otros países, se ha aprobado el 03.07.2014 la implantación del mismo, el cual entró en vigor a principios del 2015, donde legalmente no se trabajará por debajo de los 8,5 euros por hora. Esto significa que un trabajador con jornada completa no cobrará menos de 1.445 euros brutos al mes. Como podemos apreciar, no tiene comparación con el de España, ya que como vemos es más del doble.

Vimos a través de los medios, que habrá un periodo transitorio de dos años para algunos sectores que tienen convenios colectivos en vigor en los que se ha fijado por ejemplo un salario mínimo propio (desde los 6,5 euros la hora para los peluqueros, hasta los 13,95 en la construcción). No obstante, el nivel de los 8,5 euros por hora trabajada será revisado cada dos años. A principios del mes de junio del 2014, el parlamento alemán votó la nueva jubilación anticipada, a partir de los 63 años y con la totalidad de la pensión para los que hayan cotizado 45 años completos. Como información quiero exponerles, que mientras en España para tener derecho a una jubilación hay que tener 15 años cotizados, en Alemania solo hacen falta 5; también los años de estudios cuentan cómo cotizados; por cada hijo que se tiene te dan dos años como cotizados; la edad de jubilación como bien dije anteriormente es a los 63 años, mientras en España es a los 65; y muchas cosas más para bien de los alemanes. El Gobierno español tiene que aprender mucho aún de todo lo que tienen otras naciones socialmente para con los ciudadanos, y se dejen de manipulaciones y engaños. Primeramente se tiene que acabar con toda la corrupción existente para que no se lucren de lo que es del pueblo, y se puedan hacer todas estas cosas que tienen otros países.

Los políticos tienen tres prioridades: la primera, es aferrarse cueste lo que cueste al trabajo tan bien remunerado que tienen, en el cual ¡Trabajan tanto los pobres! (con jubilación asegurada, naturalmente) y otros de no menor importancia; la segunda, ofrecer puestos de trabajo de confianza para colocar a esposos, padres, hijos, hermanos, demás familiares y amigos; la tercera, tener a los amigos satisfechos, para que luego, cuando terminen sus funciones políticas, estos les coloquen en sus empresas para así de esta manera aumentar más sus sustanciosas ganancias, colocándolos en los más altos cargos, en bancos, constructoras, multinacionales…

La mayoría de todos estos individuos políticos dicen llamarse demócratas, pero pienso que solo lo son cuando comienza el voto electoral para la próxima campaña y así, los ciudadanos volverles a votar, pero cuando las elecciones se han acabado, ya no lo son, sino que vuelven a ser oligárquicos y dictadores, ya que después hacen lo que les da la gana sin pedir permiso a los ciudadanos que les votaron, al menos cuando se trata de algo serio, ¡Como les han votado para los próximos 4 años de legislatura, ya no tienen que preocuparse! En muchos de los casos, "**ser político es el arte de engañar al pueblo**", y si no cortamos por lo sano de una vez por todas, seguirán engañando con sus promesas nefastas y "utópicas", repitiendo lo mismo en cada nueva elección general que se haga.

Creo que para que funcionen las cosas bien en este país, se debería de mentalizar a gran parte de los ciudadanos, pero para esto, tendríamos que comenzar primero a renovar a gran parte de los políticos para acabar con toda la escoria corrupta que asola todo a nuestro alrededor, y entre gente joven preparada a formar un nuevo Gobierno con ganas de trabajar, para así todos juntos aumentar las posibilidades de triunfo, pues estos corruptos están acostumbrados y dispuestos como siempre a seguir viviendo (la dolce vita) a través de los privilegios que les otorgó el pueblo con sus votos de confianza.

Actualmente podríamos decir la famosa oración que está en auge en boca de los políticos, "el fin justifica los medios". Uso que se le da cuando alguien ha conseguido algo por algún método no del todo ético, pero el hecho de realizarlo de aquella manera ha merecido la pena por el resultado conseguido. Muchos han atribuido erróneamente dicha expresión al escritor, filósofo político de la Italia renacentista, **Nicolás Maquiavelo**, el cual defendió a través de su obra literaria la manera más inmoral y déspota de hacer política. Pero hay indicios que fue el propio Napoleón quien la dijo tras la lectura de **El Príncipe**, escrito por Maquiavelo.

Varios críticos creen que se debe la frase al escritor jesuita **Baltasar Gracián** en su obra **Oráculo manual y arte de prudencia** (1647), aunque muchas personas defensoras de la Compañía de Jesús, alegan que los jesuitas jamás enseñaron medios inmorales para obtener un buen fin. En realidad, la conocida expresión fue extraída del texto en latín "**Medulla theologiae moralis**" (1645) del autor teólogo alemán **Hermann Busenbaum**, rector de la Universidad de Münster (Alemania), el cual escribió literalmente en dicho texto: **Cum finis est licitus, etiam media sunt licita** (Cuando el fin es lícito, también lo son los medios).

******

Dimisiones:

Las dimisiones de políticos que se han hecho hasta la fecha desde que comenzó la democracia en España en estas cuatro décadas, no han sido suficientes, si bien miramos hacia atrás y vemos la corrupción existente de muchos de ellos, los cuales se han aferrado a sus cargos sin haber dimitido. A continuación cito los pocos cargos más relevantes de dimisión en la historia democrática española:

Siete ministros del Gobierno de Felipe González (1982-1996):

- 1991. Alfonso Guerra, vicepresidente. Sometido a fuertes presiones de la oposición política por el escándalo de los negocios de hermano Juan.
- 1992. Julián García Valverde, Sanidad. Escándalo económico-financiero relacionado con la venta irregular por parte de Renfe, de unos terrenos en la localidad madrileña de San Sebastián de los Reyes, cuando él era presidente de esa compañía.

- 1993. José Luis Corcuera, Interior. Dimitió el día después de que el Tribunal Constitucional había declarado inconstitucionales dos apartados de la Ley de Seguridad Ciudadana.
- 1994. Vicente Alberto, Agricultura. Por no haber declarado a Hacienda 20 Millones de pesetas en 1984.
- 1994. Antoni Asunción, Interior. Sucedió a Corcuera, pero dimitió por su responsabilidad política en la huída del ex director general de la Guardia Civil Luis Roldán.
- 1995. Narcis Serra, vicepresidente. Por las escuchas telefónicas ilegales del CESID.
- 1995. Julián García Vargas, vicepresidente. Por las escuchas telefónicas ilegales del CESID.

Un ministro del Gobierno de José María Aznar (1996-2004):

- 18.01.1999-19.02.00. Manuel Pimentel, ministro de Trabajo y Asuntos Sociales. Por un escándalo de desvíos de fondos públicos de uno de sus altos cargos.

Un ministro del Gobierno de José Luis Zapatero (2004-2011):

- 12.02.2007-23.02.2009. Mariano Fernández Bermejo, ministro de justicia. Por participar en una cacería con el juez Baltasar Garzón.

Dos ministros del Gobierno de Mariano Rajoy (2011-2015):

- 22.12.2011-23.09.2014. Alberto Ruiz Gallardón, ministro de justicia. Dimite y deja la política tras el fracaso de la ley del aborto apadrinada por Gallardón.
- 22.12.2011-26.11.2014. Ana Mato Adrover, ministra de sanidad, servicios sociales e igualdad. Dimite tras su implicación en el caso Gürtel por el juez Ruz.

Pero esto no termina aquí, pues saldrán muchos más corruptos a la luz, ya que el dinero y el poder son muy golosos, pues esta es la flaqueza del ser humano, sobre todo de los que están arriba dirigiendo el país, ya que contra más tienen más quieren, hasta que la avaricia les delata. Si de todos los políticos existentes, hubiera alguno transparente, sin engaño, luchador para con los ciudadanos y la patria, yo haría la siguiente pregunta: "quien esté libre de mentiras y corrupción que tire la primera piedra".

En el debate del Estado de la nación que comenzó en el Congreso de los Diputados el 24.02.2015, me llamó la atención cuando el presidente del Gobierno señor Mariano Rajoy, expresó dos oraciones que me llenaron de estupor, entre otras de no menor "admiración": "*con demagogia se destruye el Estado del Bienestar*" y "*Ha llegado la hora de completar la recuperación*". Como también la actuación verbalmente de insultos hacia la oposición la cual fue patética por parte de un presidente de Gobierno. Y yo le pregunto: ¿A qué demagogia se refiere, a la que otros hacen, o a la que Ud. ha estado haciendo durante todo su mandato como presidente? Y ¿A qué recuperación alude para terminar de completar? ¿A la que está por venir, ya que la misma aún no ha comenzado? ¿O es que ahora quiere su partido del PP prepararse con nuevas falacias una vez más para las nuevas elecciones que se celebrarán en noviembre del actual año 2015?

Después de este debate y a menos de 9 meses para las elecciones generales, vemos como el Gobierno en funciones comienza a ayudar en algunos puntos (con cinco nuevas leyes) a los ciudadanos con promesas como lo hiciera anteriormente, con ayudas de tipo "despojos de quirófano". Todo un "paquete de ventajas", sobre todo para los más desfavorecidos, con el que el PP pretende ganarse a los votantes y recuperar los votos perdidos, "para después quitárselo de nuevo". El argot político es confundir al pueblo a través de la demagogia y de palabras rebuscadas, viene a ser como la letra pequeña y confusa de contratos de banca, seguros, etc.

******

La corona:

Don Juan Carlos I de Borbón y Rey de España, signó la constitución aprobada por las Cortes Generales en el Congreso de los Diputados el 31 de octubre de 1978, la cual entró en vigor el 29.12 1978, como también la gran ayuda del Rey que consiguió frenar el Golpe de Estado por algunos mandos militares el 23 de febrero del 1981, y por la buena trayectoria y colaboración de trabajo que hizo durante todo su reinado a España, entre otras cosas. No podemos hacernos eco de algunas masas de querer anular la monarquía ahora que el Rey ha abdicado por varias razones, y haya pasado la corona a su hijo Felipe príncipe de Asturias, el cual, Don Felipe VI es en la actualidad el nuevo Rey de España, coronado el 19 de junio del 2014.

No quiero dejar pasar el mayor ejemplo de generosidad por parte de Don Juan de Borbón hacia su hijo Don Juan Carlos príncipe de Asturias. La última renuncia a los derechos dinásticos que se ha producido en España fue la de Don Juan de Borbón. En un gesto de altruismo y patriotismo sin precedentes, el Conde de Barcelona –padre del Rey– renunció a sus derechos dinásticos a favor de Don Juan Carlos sin haber llegado a reinar tras 36 años de Jefatura de la Casa Real. Aquella renuncia tuvo lugar el 14.05.1977 en una simple ceremonia en el Palacio de La Zarzuela, en la que Don Juan, emocionado, se cuadró ante su hijo, inclinó la cabeza, dio un marcial taconazo y afirmó: "Majestad: por España, todo por España". A continuación hago una corta referencia sobre la constitución:

DON JUAN CARLOS I, REY DE ESPAÑA, A TODOS LO QUE LA PRESENTE VIEREN Y ENTENDIEREN, SABED: QUE LAS CORTES HAN APROBADO Y EL PUEBLO ESPAÑOL RATIFICADO LA SIGUIENTE CONSTITUCIÓN:

Preámbulo:

La Nación española, deseando establecer la justicia, la libertad y la seguridad al promover el bien de cuantos la integran, en uso de su soberanía, proclama su voluntad de:

- Garantizar la convivencia democrática dentro de la Constitución y de las leyes Conforme a un orden económico y social justo.
- Consolidar un Estado de Derecho que asegure el imperio de la ley como expresión de la voluntad popular.

- Proteger a todos los españoles y pueblos de España en el ejercicio de los derechos humanos, sus culturas y tradiciones, lenguas e instituciones.
- Promover el progreso de la cultura y de la economía para asegurar a todos una digna calidad de vida.
- Establecer una sociedad democrática avanzada, y colaborar en el fortalecimiento de unas relaciones pacíficas y de eficaz cooperación entre todos los pueblos de la tierra.
- En consecuencia, las Cortes aprueban y el pueblo español ratifica la Constitución.

Es natural que muchos de los españoles quieran que se renueve la constitución, ya que ésta ha quedado un poco antigua, como también hacer un referéndum por si se quiere la monarquía o la República, pues si estamos en una libre democracia, tenemos entonces que aceptar las peticiones del pueblo español, sería una forma de legitimar su presencia. ¿Porqué el Gobierno no acepta esta petición de hacer una consulta soberanista sobre la monarquía? ¿Qué es lo que teme?

No olvidemos, que tanto la monarquía actual como la República si se decidiera por esta, el cambio nos iba a costar mucho más sin duda alguna. Lo mejor sería dar opciones a los ciudadanos para elegir. Si se hiciera dicha consulta, sería un acto más de democracia genuina, ya que es el pueblo por mayoría el que impone las reglas y no solo de unos cuantos. No ignoremos que el término democracia proviene del antiguo griego, siendo acuñado en Atenas en el siglo V a.C. y significa según el diccionario de la Lengua Española: (**Doctrina política en favor del sistema de gobierno en que el pueblo ejerce la soberanía mediante la elección libre de sus dirigentes**).

Soy de la opinión, que la verdadera **democracia directa** actual en el mundo, es la que se proyecta en el país Helvético, ya que las decisiones las toma el pueblo soberano en asamblea. No existen representantes del pueblo, si no en todo caso, delegados que se hacen portavoces del pueblo, que únicamente emiten el mandato asambleario. Se trata del tipo de democracia preferido no sólo por los demócratas de la Antigua

Grecia, sino también para muchos pensadores modernos (Rousseau, por ejemplo) y para una buena parte del Socialismo y del Anarquismo. Un ejemplo de democracia directa más conocido es el de la Atenas clásica.

Jean-Jacques Rousseau (Ginebra, Suiza, 28.06.1712 - Ermenonville, Francia, 02.07.1778) fue un polímata: escritor, filósofo, músico, botánico y naturalista franco-helvético definido como un ilustrado. ***Polimatía (del griego, persona que abarca conocimientos sobre campos diversos, generalmente de la ciencia o las artes****).*

Las ideas políticas de Rousseau influyeron en gran medida en la Revolución francesa, el desarrollo de las teorías republicanas y el crecimiento del nacionalismo. Su herencia de pensador radical y revolucionario está probablemente mejor expresado en sus dos frases más célebres, una contenida en El contrato social: "El hombre nace libre, pero en todos lados está encadenado"; la otra, presente en su Emilio, o De la educación: "El hombre es bueno por naturaleza", de ahí parte su idea de la posibilidad de la educación.

Rousseau produjo uno de los trabajos más importantes de la época de la ilustración, haciendo surgir a través de su Contrato Social, una nueva política. Esta nueva política está basada en la voluntad general, y en el pueblo como soberano. Expone que la única forma de gobierno legal será aquella de un Estado republicano, donde todo el pueblo legisle; independientemente de la forma de gobierno, ya sea una monarquía o una aristocracia, no debe afectar la legitimidad del Estado.

En sus estudios políticos y sociales Rousseau desarrolló un esquema social, en el cual el poder recae sobre el pueblo, argumentando que es posible vivir y sobrevivir como conjunto sin necesidad de un último líder que fuese la autoridad. Es una propuesta que se fundamenta en la libertad natural, con la cual, Rousseau explica, ha nacido el hombre.

A través de El Contrato Social, Rousseau le abre paso a la democracia, de modo tal que todos los miembros reconocen la autoridad de la razón para unirse por una ley común en un mismo cuerpo político, ya que la misma que obedecen nace de ellos mismos. En su modelo político, Rousseau atribuye al pueblo la función de soberano. ***Renunciar a la libertad es renunciar a la cualidad de hombres, a los derechos de humanidad e incluso a los deberes****.* Aparte de otros títulos de Rousseau, es de máximo interés leer estos dos libros: *El Contrato Social*, y *Emilio, o de la educación*, escritos en 1762.

- *El contenido de este artículo incorpora material de una entrada de la* ***Enciclopedia Libre Universal****, publicada en español bajo la licencia Creative Commons Compartir-igual 3.0.*

*La democracia no es más que el gobierno de las masas, donde un 51% de la gente puede lanzar por la borda los derechos del otro 49% (****Thomas Jefferson***: 13.04.1743–04.07.1826), tercer presidente de los Estados Unidos de América, ocupando el cargo como tal entre 1801 y 1809.

Deberíamos ser más consecuentes y tener en cuenta otras actitudes más coherentes y transparentes a la hora de pronunciarse sobre lo que realmente se necesita y quiere, ya que muchas veces, algunas actitudes emocionales traen consigo actuaciones perjudiciales, las cuales tienden a influir a corto o a largo plazo negativamente sobre los ciudadanos y en concreto para el pueblo español. Seamos más cautos cuando decidamos sobre asuntos que pueden ser muy delicados, y dejarnos de injerencias a la hora de querer juzgar algo que promete causar malas consecuencias. La falta de recursos básicos en un país democrático por parte de un Gobierno, arrastra consigo al pueblo a la desmoralización del mismo y a la sublevación de las masas por no tener lo más esencial para vivir dentro de lo social y moral.

******

Partidos políticos

Partidos políticos y más partidos
surgen constantemente,
es la fuente más segura
para el empleo inminente.

Llegan de todas partes
como las abejas a la miel,
para hacerse con el néctar
y dejando a los demás sin la piel.

Todos quieren ser políticos
y a meter la mano van,
para hurtar lo que no es suyo
de otros que lo pasarán mal.

Gente de poca monta
son los que nos engañan,
estudiaron para pillos
para dejarnos sin blanca.

Charlatanes con promesas
las que nunca llegarán,
demagogia que transmiten,
siendo cada año igual.

Poema a todos los españoles.
Del escritor, poeta y compositor Carlos Ortega Serrano

6

La corrupción

Todos sabemos que la inmoralidad está al día en todas las naciones del mundo, aunque en unas más que en otras, pero aquí solo vamos a tratar de algunos ejemplos de la corrupción de nuestro país, de España.

La España corrupta del siglo XXI, es la España de la decadencia a través de la corrupción política entre otros. Algunos políticos, banqueros, constructores, empresarios, etc. se dedican a ser corruptos, destruyendo puestos de trabajo, metiendo la mano en las arcas del estado sin que nadie les pueda controlar sobre el dinero del que se apropian...

Hemos pasado la barrera de los más de seis millones de personas paradas, la cual atenta contra la dignidad de los españoles, los cuales son estafados brutalmente por toda esta sociedad corrupta de personajes delincuentes, que lo único que saben hacer es hurtar lo que no es suyo.

Algunos de nuestros políticos como pueden ser también los tesoreros de formaciones políticas, reciben donaciones para sus correspondientes partidos, y que en la mayoría de los casos no llega todo a su destino, y si llega, bien saben ustedes que este dinero es para ayudar a los partidos políticos para sufragar los costes de nuevas elecciones, etc. Estas entidades o individuos que otorgan las mismas en la mayoría de los casos, no muy sanas por cierto, ya que cuando estos ayudan con cantidades de dinero que nunca se sabe cuánto es, compran a personajes de la política y a otros, esperando recibir algo a cambio, y aparte de esto, tanto los que ofrecen como los que reciben, son todos unos granujas de cuidado, ya que al mismo tiempo están amparados en parte por ciertos individuos que dicen defender la justicia, como son algunos políticos, jueces, abogados, fuerzas del orden público, etc.

Creo conveniente subrayar, que dichas donaciones de dinero o de otro tipo, sean prohibidas para no alimentar la compra de políticos u otros. De esta manera se acabaría en parte la corrupción dentro de estas formaciones políticas. Más adelante hablaremos de la corrupción del tesorero del PP.

Me hace gracia cuando nos mienten sobre la bajada del paro en ciertas épocas del año, por ejemplo: en semana Santa, en el verano, en las Navidades, etc. para que después al terminar estas fiestas y etapas, las personas vuelvan a estar en la calle sin trabajo.

Es normal que en estas fechas mencionadas comience a haber puestos de trabajo, pero los mismos son contratos basura que tienen muy poca duración, siendo estos al mismo tiempo muy mal remunerados.

Esta es la España actual, la España de las fiestas, del vicio, de la pandereta, de la delincuencia, de la envidia, del separatismo, la del chismorreo, la de algunos medios de prensa y televisión basura y corrupta, la del quijotismo...

No existe la educación ni el respeto, al gobierno solo le interesa hacer los recortes que le dicta la comunidad europea, sin importarle la situación de los ciudadanos españoles, sobre todo en esta última "legislatura reformista" de 2011/15, pero para mal de los ciudadanos. Pienso que la mayoría de nuestros políticos no son personas preparadas para llevar y saber abordar los problemas de nuestro país. Son solo marionetas en manos de otros países más fuertes, los cuales saben muy bien cómo tratar con algunos de nuestros dirigentes.

Creo que hay muy pocos políticos en nuestro país que hayan estudiado ciencias políticas, pues esto es lo que deberían haber estudiado estos individuos para poder saber llevar una nación. A algunos de ellos podríamos llamarles payasos, porque la verdad es que no saben hacer nada de nada. Solo hacen reuniones tras reuniones, debates tras debates, pero sin llegar casi nunca a acuerdos ni a soluciones fructíferas. Preparan y asisten a buenas comidas después de las muchas reuniones nefastas que tienen casi siempre a diario, costes de viajes constantes, regalos que se hacen a diestro y siniestro, y gastos de todo tipo, malgastando el dinero público, pero de soluciones para el pueblo, cero.

La casi mayoría de estos señores han estudiado derecho y economía, pero solo para estar amparados por la ley y para tener sus bufetes llenos de muy buenos clientes, ya que al ser políticos conocidos, consiguen lo que quieren a través de ese tráfico de influencias en el que se mueven.

¿Sabían ustedes que los altos cargos políticos tienen sueldos vitalicios una vez que dejan sus cargos? Pues así es. Estos señores cuando ya no son presidentes de gobierno, regionales, ministros, u otros, siguen cobrando casi la totalidad del sueldo que percibían en su cargo hasta el fin de sus días, aparte de lo que ganan en su nuevo acometido. Está bien que cobren como todo el mundo una renta normal por los años que han trabajado, pero no de la manera actual. Por eso debemos de exigir la anulación total de los mismos.

******

El famoso retrato:

La mayoría de los políticos hacen con el dinero del Estado (con nuestros impuestos) lo que les venga en gana, como por ejemplo lo de hacerle un cuadro al que fuera ministro de Fomento Francisco Álvarez Cascos del Partido Popular (PP) en los años 2000-2004, actualmente presidente de Foro Asturias.

A través de la prensa del 17.06.2012, leemos: *Según señala el Ejecutivo en una respuesta parlamentaria, el cuadro responde a la costumbre de que los ministros, después de dejar su mandato, son invitados a realizarse un retrato destinado a la galería del Ministerio.*

La tradición es que sea el propio ex ministro quien escoja al artista que considere más adecuado, pero este señor no propuso cualquier retratista, sino que escogió a *Antonio López García*, Premio Príncipe de Asturias de las Artes en 1985, (valga la pena nombrar en este libro a este gran pintor y escultor español), el genio hiperrealista de Tomelloso (Ciudad Real), que es uno de los pintores más cotizados de la actualidad. El precio del cuadro asciende a más de 190.000 euros. No, este ex ministro "de tonto no tiene un pelo", claro, como el dinero no es suyo, va a por lo mejor. Lo peor de todo esto es que el Gobierno señala que esa cifra "es acorde con el precio habitual del autor por un encargo de dichas características". Calculen ustedes la cantidad de miles de euros que nos cuesta a los españoles estos retratos para estos "señores". ¿Es necesario que sean pinturas? ¿Porqué no se hacen mejor fotografías que son muchísimo más baratas?

¿Cómo se pueden gastar de las arcas del Estado ese dinero en una pintura para un alto dirigente del Gobierno en los años tan crudos de crisis que tenemos? ¿Quién controla a estos individuos que gastan a manos llenas el dinero de los ciudadanos? ¡Son todos iguales! ¡Qué despilfarro! Los más viejos enseñan a los más jóvenes, claro, "de tal palo tal astilla". Así está nuestro maravilloso país, en la decadencia total. Si no fuera por las ayudas comunitarias que recibimos desde que España pertenece al grupo, seríamos lo último de Europa.

Muchos españoles aun no saben que Marruecos comienza en los Pirineos, y no me refiero a discriminar a nadie, sino a que no debemos de olvidarnos de los árabes, los cuales estuvieron en España más de 800 años, dejándonos también una riqueza arquitectónica impresionante entre otras cosas. Nuestro país es moro, judío y cristiano, pero más bien moro.

Aunque nos duela, tenemos que reconocer que España dentro de la comunidad europea, es un país que está casi a la cola de la misma, un país que solo va pasando la mano por la espalda de los más fuertes comunitarios para estar a bien con todos ellos. Nuestra nación necesita hombres políticos de verdad, con carácter y seriedad, que sean respetados por todo el mundo, para que España sea definida como una nación grande y seria dentro del campo tecnológico, empresarial, político, socioeconómico, cultural, etc. demócrata de verdad, y no lo que tenemos desde hace décadas. Seamos más fuertes y luchemos por una España unida, y darle al pueblo lo que necesite, que no se sienta oprimido por la mala política de un gobierno.

******

Gibraltar:

Tomemos como ejemplo nuestro Peñón de Gibraltar, el cual fue cedido a Gran Bretaña a través del tratado de Utrecht (Holanda) y Rastatt (Alemania) el 13.07.1713 por el Rey Católico español Felipe V.

Según el famoso artículo X, dice: "*El Rey Católico Felipe V, por sí y por sus herederos y sucesores, cede por este Tratado a la Corona de la Gran Bretaña la plena y entera propiedad de la ciudad y castillos de Gibraltar, juntamente con su puerto, defensas y fortalezas que le pertenecen, dando la dicha propiedad absolutamente para que la tenga y goce con entero derecho y para siempre, sin excepción ni impedimento alguno*". Y yo pregunto, ¿Quién era el rey para decidir por sí solo sobre un territorio español sin dar explicaciones al pueblo? Claro, en aquella época era el único que decidía.

El tercer pacto establecido en Utrecht es el más notable, ya que aludía a que España tiene prioridad para dar por terminada la cesión si Gran Bretaña intentara "dar, vender o enajenar de cualquier modo la propiedad de Gibraltar". En este sentido el Gobierno Británico ya ha decidido "enajenar" su colonia. Obviamente no a una potencia extranjera, pero sí a la población del Peñón mediante las ambiguas concesiones que se les ha hecho.

TRATADO
DE PAZ,
AJUSTADO ENTRE LAS CORONAS
DE ESPAÑA,
Y DE INGLATERRA,
EN UTRECH.

Año 1713.

CON LICENCIA
DE LOS SEÑORES DEL CONSEJO DE ESTADO.

En Madrid, en la Imprenta Real. Hallarase en la Libreria de Manuel Ror, junto al Hospital de los Italianos.

TRACTATUS
PACIS & AMICITIÆ
INTER
Serenissimam ac Potentissimam Principem ANNAM, Dei Gratiâ, Magnæ Britanniæ, Franciæ, & Hiberniæ, Reginam, Fidei Defensorem, &c. & Serenissimum ac Potentissimum Principem PHILIPPUM V. Dei Gratiâ, Hispaniarum Regem Catholicum, Conclusus Trajecti ad Rhenum die 13 Mensis Julii, Anno 1713.

TREATY
OF
PEACE and FRIENDSHIP
BETWEEN
The most Serene and most Potent Princess ANNE, by the Grace of God, Queen of Great Britain, France, and Ireland, Defender of the Faith, &c. and the most Serene and most Potent Prince PHILIP the Vth, the Catholick King of Spain, Concluded at Utrecht the 13 Day of July, 1713.

By Her Majesties Special Command.

LONDON,
Printed by John Baskett, Printer to the Queens most Excellent Majesty, And by the Assigns of Thomas Newcomb, and Henry Hills, deceas'd. 1714.

Gibraltar tiene una superficie de 6,8 km cuadrados, dominados por un gran peñón calcáreo de 425 metros de altitud y una población actual de 30.000 habitantes aproximadamente. Su nombre procede del árabe **Yabal Tarik** o **roca de Tarik**, fue fundada en 725 por este general moro y estuvo en poder de los musulmanes hasta 1462, año en que fue conquistado por el duque de Medina-Sidonia e incorporada a la Corona de Castilla. En 1704, durante la guerra de Sucesión de España (1701-1713/1715), fue ocupada por tropas inglesas.

Con esta explicación sobre Gibraltar, quiero instar a nuestros políticos a que dialoguen y negocien una y otra vez con los británicos para que devuelvan lo que no es suyo, y para que al mismo tiempo, hacer eco ante todo el mundo, que solo queremos lo que es nuestro. Han pasado ya 302 años desde el tratado de Utrecht y seguimos en la misma línea. Hay que hacerlo por la vía diplomática, dialogar y dialogar con seriedad y llevarlo tantas veces como sea preciso ante la ONU

(Organización de las Naciones Unidas) fundada el 24.10.1945. Pienso que ningún país de la Comunidad Europea debe tener una colonia perteneciente a otro de la misma organización, de lo contrario tendría que ser expulsado de la Unión Europea. En este caso aludimos a Gran Bretaña, la cual tiene el Peñón de Gibraltar que pertenece a España.

¿Cómo puede ser posible que Inglaterra tenga aún esta colonia española después de tantos años y perteneciendo actualmente estas dos naciones a la Unión Europea? ¿Por qué no ha sido devuelto aún a España?

Sin embargo, sí que los ingleses devolvieron la isla de Hong Kong, que significa (puerto fragante). Oficialmente **Región Administrativa Especial de Hong Kong de la República Popular China** la cual fue ocupada militarmente por la marina británica, el 20 de enero de 1841, y cedida oficialmente a Gran Bretaña a través del Tratado de Nankín el 29.08.1842, siendo colonia inglesa hasta el 01.07.1997.

Como vemos, Hong Kong fue devuelta, pues los ingleses bien saben que con los chinos no se puede jugar, ya que estos son una potencia mundial militarmente. Pero con España la situación cambia, ya que Inglaterra junto a su aliada y hermana de EE.UU, son las dos juntas una de las potencias militares más fuertes del planeta, mientras España, aunque también es una potencia pero de menor escala, Inglaterra sigue deleitándose con este juego, o sea, de no entregarnos el Peñón de Gibraltar. Por esa razón debemos de dialogar diplomáticamente día a día por las buenas, hasta conseguir lo que es nuestro, el Peñón, el cual fue cedido a los ingleses por el rey español de aquel entonces a través del tratado de Utrecht ya antes mencionado.

Si después de diálogo tras diálogo, buscando las negociaciones oportunas para llegar a un acuerdo, no se consiguiera nada por las buenas, entonces habría que entrar por las malas, pero diplomáticamente.

Tenemos dos posibilidades de hacerles entrar en razón a estos ingleses. La primera sería una vez más el cierre de la verja, para que de esta manera solo puedan entrar por mar o aire, pero por esta última siempre y cuando ellos hagan un aeropuerto dentro del peñón y no el que están usando ahora sobre el istmo, el cual fue ocupado por los británicos ilegalmente en el siglo XIX, ya que España no lo cedió en el Tratado de Utrecht, y por lo tanto es nuestro; la segunda, hacer tratados de mayor envergadura con grandes potencias como lo son China, Rusia, entre otros, para así de este modo estar respaldados, ya que a partir de ese momento, seguro que entran en razonamiento, o por otros cauces.

Cito como información el primer cierre de la verja de Gibraltar por parte de Franco, el 08.06.1969 hasta 1982, quedando totalmente bloqueada, prohibiendo también el tránsito aéreo hasta el 2006, y las telecomunicaciones hasta el 2007, como la conexión por ferry entre Algeciras y el Peñón hasta 2009. Durante todo ese periodo, la colonia británica tuvo que abastecerse específicamente a través de otras vías, las cuales les fue bastante caras y difíciles.

Cuando se abrió la verja de nuevo para el tránsito solo de peatones el 14.12.1982, después de 13 años de aislamiento, fue a raíz de la petición de la Asamblea General de la ONU el 18.11.1976, para que los Gobiernos español y británico iniciasen negociaciones sobre el problema de Gibraltar, permaneciendo sin embargo el resto de restricciones establecidas en junio de 1969. Este convenio que fue acordado en la Declaración de Lisboa en 1980, dio lugar a un nuevo acuerdo hispano-británico, la declaración de Bruselas del 27.11.1984, firmada por el Ministro de Asuntos Exteriores de España, de aquel entonces, y del Secretario de Relaciones Exteriores del Reino Unido, ampliándose las condiciones de circulación.

El 05.02.1985, la Verja fue abierta a la circulación de vehículos, al ser esta una de las condiciones para la entrada de España en la Comunidad Económica Europea. Las propuestas que siguieron por parte de España para la devolución del Peñón, fueron rechazadas por la parte británico-gibraltareña en 1985, 1997 y 2002. A través del acuerdo de Córdoba del 18.09.2006 entre Gibraltar, el Reino Unido y España, el Gobierno español aceptó aflojar los controles en la frontera, facilitando el paso de ciudadanos y transporte entre ambos territorios; el Gobierno británico por su parte, aumentaría el importe de las pensiones a los trabajadores españoles que habían perdido su trabajo en Gibraltar durante ese periodo de conflicto de 1969 a 1982. A partir de ese momento, los enlaces aéreos entre España y Gibraltar fueron restaurados en diciembre de 2006 y las restricciones en las telecomunicaciones, levantadas en febrero de 2007. También la conexión por ferry entre Algeciras y el Peñón se restauró de nuevo en diciembre de 2009. Hasta hoy fecha estamos sin la devolución del Peñón.

Para cerrar la verja de nuevo que da acceso al Peñón de Gibraltar, habría primero que elaborar una estrategia, o sea, darles trabajo a todos los españoles que trabajan en el Peñón, para que de esta manera tengan un puesto de trabajo asegurado en España. De esta manera se acabaría (si tú me das, yo te doy) el chantaje que nos llevan haciendo los británicos; el contrabando de tabaco; entre otros, la broma les podría salir bastante cara a los ingleses. Pienso que deberíamos de jugar nuestra gran baza de una vez por todas, ya que estamos dentro de la razón.

Hay que actuar como los piratas de aquel entonces, que se hacían pasar como tal, cuando en realidad eran soldados de la corona real británica. Debemos de pagarles con la misma moneda, de esta forma ganaremos en seriedad y seremos respetados, pero siempre actuando de manera correcta dentro de nuestros derechos.

Creo que sería la acción más adecuada para hacer entrar a los ingleses a una reflexión profunda, a través de la cual comprendan y entren en razonamiento. Al principio el Peñón era un importante punto estratégico militar, pero actualmente ya no cumple dicho cometido.

Cumpliendo todas éstas premisas antes mencionadas, entonces sí que seremos un país respetado y venerado, pero no la España del futbol, ni de la pandereta, ni de los toros, ni de las fiestas constantes, ni de varios programas enviciados de TV, ni de la corrupción que asola cada vez más nuestro entorno, olvidándonos de lo más principal, de un bienestar para todos (BPT). Estas serían las siglas idóneas para una verdadera formación política, siempre que se usen las mismas como tal.

******

Turismo:

La principal industria potente que tiene España es la del turismo, ya que en nuestro país entran aproximadamente 60 millones de turistas al año. Les vendemos muy bien el sol y la estancia en los maravillosos hoteles de lujo y en las playas que tenemos, las tan variadas comidas que hay, sobre todo (la paella, la sangría…) las cuales les gusta mucho, nuestras danzas, etc. Pero gran parte de estas ganancias se la llevan las agencias de viaje extranjeras, las líneas aéreas, la hostelería y algunos pocos más, pero, ¿Qué sueldos basura son pagados a los obreros? Una verdadera miseria, pues si no fuera por las propinas que reciben de los turistas y de otros trabajos que hacen en su tiempo libre, no tendrían suficiente para acabar el mes y poder llevar una vida digna y decente dentro de la sociedad.

Naturalmente que es bueno que vengan muchos turistas, ya que se abren nuevos puestos de trabajo y dejan parte de ese capital, pero esto solo sucede en la temporada estival, quitando las islas canarias, ya que en ellas el tiempo climático es muy bueno para casi todo el año, y algo menos en las Baleares y en la costa del sol. No nos olvidemos tampoco, que los contratos de trabajo son solamente temporales, o sea, contratos basura.

Cabe resaltar, la vergüenza que siento en este siglo XXI en el cual vemos a miles de españoles marchar de su país a otros en busca de trabajo. Este es el segundo éxodo de los españoles en Europa.

¿No se sienten pudorosos nuestros políticos, dejar marcharse a los ciudadanos, sobre todo a los jóvenes, ya que aquí no hay ningún futuro a muy largo plazo?

Se van muchos científicos, médicos, economistas, químicos, ingenieros, arquitectos, jóvenes con su carrera terminada, entre otros, porque en nuestra patria no hay opciones de obtener un trabajo digno por culpa de ciertos individuos que solo se miran a ellos mismos.

Nuestro sistema sociocultural está completamente huérfano, pues con todos los recortes que se han hecho hasta ahora y los que piensan seguir haciendo, no hay posibilidad alguna de tener un armazón estable que brinde a todos los españoles a disfrutar del mismo.

No solo hay que cambiar la estructura actual española, sino también a estos políticos que se tiran en el cargo años y años para seguir "ordeñando la ubre de la vaca" y haciendo de las suyas, o sea mirando solamente su propio ombligo.

Pienso que estos mandatarios deberían retirarse de sus funciones a los 55 años de edad, y dejar paso a otras nuevas generaciones de gente joven y dinámica, para que nuestro país comience a ser fuerte de una vez por todas, y a estar en el sitio que le corresponde. Sin olvidar, que a estos señores que se les aparta de sus altos cargos, sigan desempeñando otras funciones, pero de menos altura, hasta completar la edad vigente para su renta, pero sin cobrar las cantidades tan sustanciosas que estaban recibiendo hasta ahora, sino un sueldo asignado como a todos los demás en su nuevo cometido.

Cuando preparan la campaña para nuevas elecciones generales cada cuatro años, vemos y escuchamos siempre lo mismo. Prometen y prometen para engañar al pueblo, ya que de todo lo que aseguran, ejecutan muy poco de lo propuesto, y este mísero porcentaje lo hacen cuando queda algo más o menos de un año para los nuevos comicios, así de esta manera, con el nuevo programa electoral que preparan con propuestas suculentas, quedan éstas en falacias como en años anteriores, volviendo los ciudadanos a caer en la incredulidad, creyendo que en esta ocasión será mejor, y se les vuelve a votar a los políticos una vez más.

La legislatura de un nuevo gobierno dura cuatro años hasta las próximas y nuevas elecciones, si no sucede antes algo que motive la dimisión del mismo, por ejemplo: por petición del pueblo a través de un referéndum por motivos negativos y especiales, como puede ser la ejecución totalmente nefasta del ejecutivo por no saber gobernar como es debido, o por otros no de menos importancia, como la corrupción.

¿Tenemos que aguantar durante cuatro años de vigencia, solo por el mero hecho de que sus votantes hayan votado a una entidad política aciaga que no cumple lo prometido, y que lo único que les interesó es llegar a tener el liderazgo durante ese periodo de tiempo sobre todos los demás? Pienso rotundamente que no.

Todos estos partidos políticos se deben expresamente a la lucha por la patria y el bien común de sus ciudadanos, ya que por esa razón han sido votados por ellos. Pero parece que no es así, ya que más bien es lo contrario, o sea, luchan por el bien propio, por sus cuantiosos sueldos, dietas y otros que cobran, sin importarles como les va a los demás.

¡**No sabía yo que los lobos se reunían para guiar y cuidar de las ovejas**! Es una metáfora con una profundidad irónica, pero muy cierta.

Hace casi cuatro décadas que España entró en la democracia, si es que a esto se la pueda llamar así. Yo diría más bien que es una democracia corrupta, dictatorial y capitalista, regida por miles de políticos, los cuales una gran mayoría de ellos no ponen ni tienen interés de que nuestra nación valla hacia adelante.

Sabemos que somos latinos y gran parte del mediterráneo, con nuestro fuero, nuestro orgullo, nuestro temperamento, nuestras costumbres, etc. pero esto no justifica bajo ningún concepto que actuemos de la manera negativa que lo estamos haciendo.

Existe una apatía total en estos grupos que dicen hacer mejoras y defender los problemas de los ciudadanos, pero la realidad está muy lejos de ser así.

Se ha comprobado y visto a través de la televisión en los debates en el Congreso de los Diputados, a algunos políticos haciendo caso omiso de lo que otros están debatiendo, viendo películas o informaciones sobre productos de compras en la tableta electrónica a través de Internet, otros leyendo revistas y periódicos, otros dibujando, y los más osados ojeando revistas eróticas, etc.

¿Qué clase de mandatarios tenemos que están jugando con el futuro de una nación y de sus ciudadanos con estas actuaciones vergonzosas, patéticas y apáticas?

Si no hay seriedad con los muchos de estos dirigentes que tenemos a la hora de hacer su trabajo dignamente, entonces sería mejor que se retiren y dejen paso a otros más eficientes para una mejora del país.

La gran mayoría de los españoles tenemos la tendencia de estar en las reuniones discutiendo todos a la vez, consiguiendo solo con esto unas actuaciones emocionales negativas por completo, sin saber estar ni llegar a un acuerdo sobre algún punto de trabajo. Y así con esta actitud, no llegaremos nunca a alcanzar los objetivos con sus mejoras para nuestro pueblo y para todos nuestros ciudadanos.

La gran prueba de ello la tenemos en la Cámara Baja de las Cortes Generales, o sea en el Congreso de los Diputados. Cuando se reúne el partido del gobierno y los demás de la oposición para presentar algunas mociones, o nuevas reformas que el partido gobernante ha elaborado para su presentación ante la Cámara, haciéndose las votaciones correspondientes para llegar a un acuerdo mutuo, según la mayoría de los votos, vemos que casi siempre, por no decir siempre, cuando se presenta una de estas enmiendas tanto por el gobierno o por la oposición, comprobamos, que alguno de ellos siempre vota en contra, aunque lo nuevo que se presenta sea de una gran importancia para el país.

¿Y qué significado tiene esto se preguntarán ustedes? Es muy fácil la respuesta, votan en contra para no valorar el trabajo del partido de quién lo presenta, aunque la propuesta sea buena como bien dije antes, pues estos que no están de acuerdo, son casi siempre la oposición, echando para atrás algo que puede ser esencial para el pueblo.

Con estas actuaciones, lo único que están haciendo es tirarse la pelota los unos a los otros (si tú me dijiste, si yo te dije, etc.) y con estas conductas están haciendo ver, que lo único que les interesa es que prevalezca lo que cada partido ha presentado, sin pensar en las consecuencias que puedan acarrear esta pérdida de tiempo y de dinero, y lo más importante, haciendo esperar a los ciudadanos, los cuales están aguardando las prontas y urgentes mejoras necesitadas. Pero no, nuestros políticos solo tienen tiempo para protegerse y defenderse de los ataques de terceras personas pertenecientes a otros partidos, u otras privadas entre juicio y juicio, los cuales tardan una eternidad en resolverse, sobre todo por la carga judicial existente.

Se ha visto y comprobado, que cuando alguno de estos Señores en el gobierno o en otros partidos políticos, ya sea presidente, ministro, tesorero, secretario, o tenga otra jerarquía, cuando han hecho algún mal de tipo infractor en su cometido, o también privado, lo normal es que dimitan como se hace en otros países, y si no lo hacen, son expulsados de sus cargos. Aquí en España nadie dimite, ya que quieren seguir viviendo del cuento en sus respectivos cargos para continuar haciendo de las suyas, y esto naturalmente no es bueno ni para el pueblo ni tampoco de cara al exterior, ya que dichas acciones se ven en todos los sitios como una forma de corrupción.

Pienso que al no dimitir, están demostrando los pocos escrúpulos que tienen, pues si tuvieran algo de dignidad, lo harían sin pensarlo, pero la verdad es que cuando falta ésta en estos individuos, lo que primero se nos viene a la mente, es que son personas sin arraigo alguno, por lo cual son canallas sin decencia alguna, sin importarles lo que piensen los demás, tanto los de adentro como los de afuera.

¿Dónde está ese orgullo español de estos viles caballeros? Y no digamos del mal de los males, la corrupción del dinero, ese "cáncer" maligno que nos acecha a todos constantemente, el cual va en aumento sin poderlo cortar, convirtiéndose éste poco a poco hasta llegar a la metástasis, corrompiendo todo sin remedio alguno, ya que son muchos de estos dirigentes los que implantan esta enfermedad dañina para el pueblo con sus mentiras y robos constantes.

En nuestra sociedad tiene que haber una concordia plena, sin que aparezca por ningún lado la discordia, siendo ésta el mal de todos los males para nuestro pueblo y para nuestro trato del día a día.

Debemos de conseguir un consenso ilimitado, el cual nos lleve a la buena dirección de nuestro país, para la buena unión y comprensión de todos nosotros.

Claro que estas bellas palabras solo serán posibles si todos nosotros ponemos lo mejor de nuestro lado, sobre todo el gobierno, demás partidos políticos, jueces, abogados, fuerzas del estado y del orden público, banqueros, empresarios, comerciantes, etc. etc.

Si conseguimos equilibrar esta balanza, entonces sí que seremos capaces de llegar a donde queramos, de conquistar la cima que todos deseamos, por el bien nuestro y el de nuestro pueblo.

******

La Seguridad Social Española:

Una de las cosas más importantes que se debería de abordar, es lo relacionado sobre las prestaciones sociales, en este caso el de La Seguridad Social Española.

Todos los médicos deberían ir por la Seguridad Social, como existe en otros países de la comunidad europea, como por ejemplo en Alemania, entre otros.

Es vergonzoso y humillante al mismo tiempo, que solo sean los hospitales, ambulatorios y algunas clínicas los que están adheridos en la

Seguridad Social, en los cuales se ve a diario una sobrecarga de pacientes con una larga espera hasta que sean recibidos por el médico. Y no digamos de las personas que tienen que esperar meses para operarse de algo maligno que tengan.

En otros países nórdicos europeos, cuando es reconocido el paciente por el médico, y este ve que hay que operar, el Dr. llama al hospital para pedir cama en el mismo, y a los dos días el paciente es ingresado para que sea operado cuanto antes uno o dos días después de haberle hecho las pruebas y los análisis pertinentes.

Una vez concluida la operación según sea la misma, el paciente guarda cama de convalecencia en el hospital hasta que se recupere, pero como mínimo estaría entre una a dos semanas en el centro hospitalario por operaciones normales, y no como aquí en nuestro país que te mandan para casa el mismo día, o un día más tarde, quitando naturalmente las operaciones de mayor envergadura, como pueden ser las de corazón u otras. Estoy de acuerdo que la tecnología ha avanzado y esta haga que se vayan quitando algunos días de estancia en el hospital, pero esto no justifica bajo ningún concepto que se mande para casa al paciente tan pronto. Seamos más humanos.

Pienso que estos países son más humanitarios que nosotros al respecto, gracias naturalmente a sus políticos que hacen todo lo posible para dar al ciudadano todo lo mejor.

Así se levanta un país, ya que al estar afiliados todos los habitantes de la nación a la Seguridad Social, esta puede pagar a todos los médicos la cantidad estipulada por cada visita del paciente y por las operaciones realizadas por los cirujanos, etc.

Todas las personas en estos países pueden ir al médico que más les guste y cambiarse a otro cuando lo crean conveniente y sin pagar nada a cambio, ya que esto va automáticamente a través de la Seguridad Social, pues solo presentando la tarjeta sanitaria es suficiente, y no como aquí en España, que algunos médicos después de atenderte en el ambulatorio de la Seguridad Social, te mandan a su consulta privada para que pagues cantidades desmesuradas.

Es por esta razón por la cual hay que cambiar la estructura sanitaria privada que tenemos en España. Para ello como bien dije antes, todos estos profesionales de la medicina, tendrían que estar adheridos a La Seguridad Social Española, y no que después de trabajar y ganar un sueldo por las mañanas en La Sanidad Pública lo hagan por las tardes en sus consultas privadas, ganando aquello que a algunos les vengan en gana.

Según fuentes de la Organización Médica Colegial (OMC) Nacional, hay un colectivo de más de 50.000 médicos que disponen de una consulta privada en España. Aunque yo creo que hay muchísimos más.

Esto naturalmente se tendría que terminar. O trabajan solo para La Seguridad Social, o lo hacen privadamente, pero no las dos a la vez. Si lo quieren así de esta forma, entonces como bien dije anteriormente, que puedan hacerlo también en sus consultas privadas, pero estando adheridos a La Seguridad Social, para que los pacientes no tengan que pagarles privadamente, sino que corra por el seguro, presentando solo la tarjeta sanitaria.

Y ya que estamos hablando de la Seguridad Social Española, quiero mencionar lo que veo negativamente y con ánimo de lucro, el que los pacientes que asisten a algunos hospitales, tengan que pagar por aparcar su vehículo en los estacionamientos subterráneos o exteriores de los mismos, ya que creo que todos estamos pagando a la Seguridad Social, para que ahora quieran también cobrarse el aparcamiento.

******

Presidencia del Círculo de Empresarios:

Una de las tantas personas que están dentro de las grandes esferas políticas, exactamente la presidenta del Círculo de Empresarios, Sra.

(Mónica Oriol), criticó duramente al plantear a través de los medios el 24 de abril de 2014 rebajar el Salario Mínimo Interprofesional (SMI) a las personas que no tienen formación, o sea a los jóvenes "que no sirven para nada" (palabras textuales de ella). También llegó a decir, que España en lo relacionado con lo social, era lo mejor de Europa.

Esta propuesta del salario mínimo para personas sin formación, es otro vapuleo a los más débiles. Dicha "personalidad" debería de darle vergüenza hablar de esta manera en contra de los jóvenes. Lo que tiene que tener esta "señora", son más principios éticos, pedir perdón a todos y dimitir de su cargo por estas insinuaciones que hizo, ya que las mismas son principios de dimisión.

Si no lo sabe, quiero hacerla saber, que España está a años luz de otros países nórdicos europeos sobre el aspecto social.

Dicho individuo que dijo tales disparates, es una más de los tantos embustes que se escuchan a diario y de las negativas constantes que van en contra de todos los ciudadanos, y si verdaderamente ella misma se lo cree, entonces con perdón tengo que decir que es una verdadera ignorante, y como tal, el pueblo español necesita de personas que no lo sean.

No me asombra nada con respecto a este personaje, ya que quiero hacerles saber, que dicha persona es la principal accionista y presidenta de la compañía de seguridad "Seguriber", la cual controla muchísimos edificios estatales y también la seguridad en el recinto Madrid Arena donde fallecieron cinco jóvenes la madrugada del 01.11.2012 en el cual se celebró una macro fiesta de Halloween "Thriller Music Park" con un concierto de música electrónica, siendo el plato fuerte de la noche el DJ Steve Aoki, al producirse un taponamiento en uno de los pasillos de evacuación de la pista, quedando aplastadas varias personas, entre ellas las cinco fallecidas.

Se comprobó que esto había sucedido por un exceso de aforo, ya que en el mismo no podían superar las 10.000 personas. Sin embargo, las entradas recogidas de las urnas y contabilizadas en el juzgado superaron más de 16.000. También se comprobó que solo se había pagado por el alquiler del recinto la tasa correspondiente a un aforo no superior a las 5.000 personas.

A esta "señora" lo que le hace falta es una buena dosis de humildad, humanidad y respeto hacia los jóvenes y demás personas. No sé exactamente como puede este ser ostentar un cargo en el cual se necesita al menos unos principios éticos de educación e inteligencia, y no criticar a otros países de la Unión Europea sobre la política que llevan, diciendo estar España por encima de todos los países de Europa, ya que cada país tiene unas características diferentes, y España no puede bajo ningún concepto tener lo que otros países tienen, pues estamos muy por detrás de muchos de ellos.

Para los españoles sería fantástico poder estar a la altura de esas naciones, pero para ello hay que hacerle recordar a esta "celebridad", que habría que cambiar toda la estructura actual que tiene España, empezando por ella naturalmente y gente ídem de lo mismo, y sobre todo a la mayoría de políticos corruptos existentes que hacen de nuestro país una imagen negativa totalmente, entre otros.

El día 3 de octubre de 2014 leemos en la prensa las nuevas declaraciones tan desafortunadas que hizo la presidenta del Círculo de Empresarios: **las embarazadas son un problema para las empresas, no se las puede echar y no se esfuerzan**. Estas fueron las palabras textuales de dicha persona. A un miembro del PP le han parecido "vergonzosas y bochornosas" dichas objeciones, y en el PSOE han pedido su dimisión, algo para lo que ya está tardando, según UPyD, e IU han pedido que actúe la fiscalía porque sus palabras son "claramente sexistas y discriminatorias" y que, en consecuencia, quede "excluirla de los contratos públicos.

Todos los partidos políticos se pusieron de acuerdo en esta ocasión para condenar las palabras de la empresaria por su "metedura de pata", dicho vulgarmente. Pienso que alguien que ostenta un cargo público como ella, ubicada en posiciones de responsabilidad, debe de ofrecer otra imagen, y no las que acentuó en sus declaraciones el jueves 02.10.2014 cuando participó en la XXV Asamblea Plenaria del CEAL (Consejo Empresarial de América Latina). En esta ocasión el foco lo puso en la empleabilidad de las mujeres embarazadas.

Declaraciones como estas, dejan entrever los pocos principios éticos que hay en la persona y el poco calibre intelectual de la misma. Por lo cual, hay que excluir a esta clase de personajes para no seguir haciendo el ridículo de cara al exterior.

******

Sistema educativo:

¿Se podrían ustedes imaginar que sus hijos no tendrían que comprar más los libros de texto anualmente, ni pagar matriculaciones en España para sus estudios como sucede en otros países? Pues sí, esto es lo que hay en otras naciones desde hace ya muchos años, como por ejemplo el sistema alemán, pues en este país antes de la creación de la propia República Federal Alemana (RFA) el 23 de mayo de 1949, ya constituía la esencia de la organización educativa alemana.

Los libros son subvencionados por el estado para todos los alumnos, y una vez acabado el curso, estos tienen que ser devueltos en buen estado para cederlos a otros alumnos que comienza el curso que ellos ya tuvieron, y de la misma forma, estos recibirán los libros de los que pasan a otro nivel más alto, y así sucesivamente. De esta manera, no hay ningún gasto de compra de libros, con lo cual es una carga menos para los padres de comprar los mismos.

Esto naturalmente es un gran negocio anual para las editoriales, imprentas, librerías y otros comercios españoles que hacen su agosto en cada curso, pero no para las familias.

Tampoco existen los uniformes para los alumnos, siendo este un gasto menos para el bolsillo familiar, pues como bien saben, los escolares cada año van creciendo y esto supone para los padres el tener que desembolsar más dinero para comprarles otros nuevos, ya que los del año anterior ya no les valen.

¿Es necesario todo este gasto nefasto que tienen que sufragar anualmente los padres de los alumnos? Naturalmente que no. Esto lo debería de elaborar y sufragar el Gobierno español como se hace en otros países, ya que para eso todos los ciudadanos estamos pagando impuestos y más impuestos.

Esto sería de una gran ayuda para todos los ciudadanos. Pienso que esta propuesta se debería de llevar y debatir en el Congreso de los Diputados lo antes posible, para que nuestros hijos estén amparados de estos gastos que anualmente tienen que costear los padres sin motivo alguno.

- Dicho esto, también se deberían ofrecer prestaciones económicas familiares para los hijos o nietos a cargo, hasta los 18 años de edad.
- Ampliándose ésta hasta los 21 años si no están en formación profesional/estudios universitarios.
- Ampliando la edad hasta los 25 años, si se encuentran en formación profesional, estudios universitarios, o están en la búsqueda de ello.

En España estamos a años luz de otros países mucho más avanzados que nosotros, sobre todo en esto último que he comentado, y en otras muchas cosas más. Y no es que el gobierno español esté ignorante de lo que hay en otras naciones, no, sino que no les interesa hacer esta clase de gastos en bien de los ciudadanos. Solo quieren seguir cobrando y acumulando los impuestos para tener las arcas repletas de euros para otros fines. Y pienso que el dinero se tiene que gastar en el bien común social para todo el pueblo.

Sin embargo, tratándose de ellos, no miran bajo ningún concepto los muchos gastos que tienen, como sustanciosos sueldos, viajes, reuniones, comidas y más comidas, regalos, buenos coches para transportarles con chofer y todo, y un etcétera muy largo. Si pusiéramos todo lo que realmente gastan, entraríamos seguro en un gran pánico. No nos olvidemos que todo esto que se gastan es del estado, del pueblo, de los ciudadanos, de nuestros impuestos...

España es un país rico, lo que sucede es que no se hacen las inversiones correspondientes para que en el campo laboral se hagan los suficientes puestos de trabajo para acabar con todo este lastre que llevamos arrastrando desde hace tiempo.

Tenemos que emplear todos los mecanismos necesarios para salir de esta deprimente y pobre situación laboral, social, política, económica, entre otros, para hacernos fuertes en todos estos terrenos, y hacer ver al mundo que somos consecuentes y podemos llegar a donde nos propongamos, alcanzando así lo más alto de la cima, para estar en los primeros puestos del rating mundial al lado de otros que ya lo son.

Una de las tantas maneras de hacer que vallamos avanzando en el campo comercial, por ejemplo, es simplemente consumir preferentemente todos nuestros productos españoles antes que los de afuera, ya que al hacerlo de esta forma, se aumentará más la producción para el consumo, creándose por este motivo más puestos de trabajo. Existen infinidad de variantes también para que España exporte más que importe. Pero para eso se necesitan buenos políticos en nuestro país para que ningún español le falte de nada, y no tenga ningún ciudadano que salir de España en busca de trabajo para educar a sus hijos y poder dar de comer a su familia. No sé cómo es posible que a todos estos señores que trabajan como políticos para España, no les de vergüenza ver como nuestro pueblo sufre de esta manera tan patética. Yo por mi parte no podría resistirlo.

******

Corrupción mediática:

Todos sabemos de antemano que nuestro país es un país solidario con otros países cuando suceden calamidades de tipo climático, guerras, etc. y también cuando nuestros ciudadanos ayudan a otros a resolver parte de sus problemas por estar en paro, por desahucios, por no tener dinero para comer decentemente porque no les llega el dinero para terminar el mes...

Por esta razón, los españoles tienen que estar muy orgullosos de ser así de humanitarios con todas aquellas personas precisadas de ayuda, pero esto no es suficiente, pues no tenemos que estar a expensas de los demás para que nos ayuden, es el gobierno el que tiene que resolver los problemas de todos, del pueblo que sufre día a día por culpa de ciertas personas que dicen ser los guías de los ciudadanos y de la nación. Me parece humillante que estas personas necesitadas tengan que pedir ayuda en estos programas de televisión especiales que hay para este fin, como es el de la primera cadena (entre todos), asistiendo estas a los mismos entre lágrimas para que sean ayudados por otros ciudadanos. Este programa que se editaba de lunes a viernes, lo veo por una parte fantástico para ayudar a la gente necesitada, pero por otro lo atisbo vergonzoso por lo que he comentado antes. Pero lo peor de todo es, que ciertos presentadores/as ganen sueldos desorbitantes como en este caso, ya que la Sra. que lo presenta, recibe la no despreciable cantidad de 1.400,00 € diarios por la edición de dos horas y media de programa, o sea casi 32.000,00 € al mes. Esto resulta bastante indignante, ¿No les parece? ¿Porqué no es ella la que ayude a diario a los necesitados, entregando parte de lo que gana? Esta periodista presentadora de porte "inocentona y campechana", ya ha subido de peldaño, pues está de monitora en el nuevo programa de (T con T) que se comenzó a editar en septiembre del 2014 y seguramente ganando mucho más, ya que el anterior programa quedó anulado por las críticas, la poca audiencia que tuvo, y sobre todo por la denuncia que hizo la fiscalía a dicho programa por utilizar a un niño discapacitado por vulnerar presuntamente los derechos a la imagen y la intimidad personal del menor, además de usarle con fines mendicantes, por lo cual se pidió una indemnización de 15.000 euros por daños y perjuicios para el pequeño.

Esta presentadora en el año 2014 también sacó su libro al mercado. ¿Cómo ven la trayectoria de dicho personaje? ¡Fantástico! ¿Verdad? No ha perdido el tiempo, "el negocio es el negocio". Pero esto no acaba aquí, ya que hay presentadores que ganan muchísimo más, pues si ustedes lo supieran se caerían para atrás del despilfarro de dinero que se entrega a ciertos individuos por presentar a diario cualquier programa en estas cadenas de televisión. Les puedo adelantar un programa basura que se edita de lunes a viernes, el cual termina sobre las 12.30 horas. Esta presentadora saca un sueldo anual de más de 450.000 euros anuales, sin contar lo que ganan los "periodistas colaboradores" y otros que están a diario a su lado.

Y no hablemos de algunos programas basura de la TV que se emiten a diario en alguna cadena a medio día, y otras por la tarde, las cuales son completamente mugre y corruptas. Sobre todo esta última que quieren rebajarles el 10% de sueldo por esto de la "crisis", y se han levantado "en pie de guerra" por no estar de acuerdo. Tanto quien los presenta, como las personas que actúan en el mismo, tal como pueden ser algunos periodistas o colaboradores, y a otros famosos que invitan a participar en los mismos, ganando mensualmente cantidades exageradas por tirarse los trapos sucios los unos a los otros, entre insultos, meterse en la vida de los demás, etc. para ellos esto es formidable, ya que se llevan una buena tajada de dinero… pienso que estos programas deberían ser prohibidos, ya que no es cultura la que enseñan, sino corrupción. ¿Qué clase de enseñanza ofrecen estos medios?

Lo peor de todo esto, es que estos programas basura se están viendo en otros países, los cuales nos catalogan de gente baja y de poca monta, ofreciendo una miserable imagen y pobre enseñanza a los niños, a los jóvenes y demás personas en nuestro país. Todo esto sucede, porque los productores y dueños de estas cadenas de televisión cobran a las empresas por emitir diariamente los anuncios de sus productos, entre otras fuentes a través de la pantalla, generando cantidades millonarias.

Como dato orientativo, creo que cobran a razón de mil euros el segundo, pero estos precios no son cerrados, ya que los mismos se negocian con el cliente, dependiendo también del horario, del día, del mes, del programa que se emite en ese momento, etc. Siendo los más caros los primeros y los últimos que se emiten en los programas de más audiencia. En éstos, la publicidad de 20 segundos puede costar según lo dicho antes unos 20.000 euros. En las cadenas de más audiencia como lo es Telecinco, ya que es la que más ingresos genera gracias a su programación, sus precios pueden ir de los 10.000 € a los 51.000 € por spot.

En Antena 3 el coste por anuncio puede llegar a superar los 76.000 € si se emite durante los programas de mayor audiencia. Así que ya se pueden ustedes figurar la cantidad tan enorme de dinero que a diario entra de la publicidad en estas cadenas. No es de extrañar que con esas cantidades tan exageradas se pueda pagar a las personas que invitan al programa, ganando estos muy buenos dineros. Me hace gracia cuando estos suelen decir que están trabajando. Más bien yo diría que están "trabajando en el alambre" como se suele decir. Hasta el criticar llaman trabajo ¡Qué país!

Sería de buen ver, que todas estas cadenas de televisión, pagaran a estas personas mucho menos de lo que están cobrando, y el resto fuera para ayudar a ONGS y a tantas personas necesitadas que en estos tiempos tan arduos de la economía española están en una situación tan precaria. Creo que sería un acto humanitario, ejemplar si así lo hicieran, y dejaran de pagar a todos estos sujetos tanto dinero por salir en el programa, por no hacer nada como quien dice. La culpa la tienen todas estas personas que ven estos programas que editan estos canales de televisión, pues de ser de otra manera, no habría tanto vago viviendo del cuento.

Así está y le va a nuestro país, peor, cada vez más metidos en el fango, el cual nos está absorbiendo hacia abajo como si fueran tierras movedizas. ¿Saldremos algún día de este cieno? El dinero es el mal y la pesadilla de todo, ya que muchos en estos programas venden su dignidad, y cuando se pierde ésta, se ha perdido todo. Da la sensación que una mayoría de estas personas, ven estos programas estúpidos solamente para saber de la vida de famosos y de otros. Es como si la gente no tuviera otra cosa que hacer que entrar solo en un chismorreo constante, el cual no conduce a nada. ¿Qué clase de diversión encuentra la multitud en estos programas vacios de contenido cultural?

Esta clase de programas abarcan formatos como las entrevistas, tertulias, incluso duelos entre personajes. Solo les interesa tener la máxima audiencia del programa, sin respetar la intimidad ni código moral alguno, sobre todo en televisión, donde el espectáculo exige una mayor agresividad, escándalo, destrucción, llegando a ser incluso delictiva, etc. Pienso que estos deberían orientarse en sentido opuesto, ya que todo este tipo de prensa del corazón y televisión basura es corrupto y a la vez despreciado por muchos de la sociedad española, pero desgraciadamente no por todos, ya que existe mucho grado de hipocresía, pues aunque la mayoría de personas dicen no ver dichos programas, la realidad es otra, ya que estos programas son los que se llevan el pastel, pues son los que mayor audiencia tienen.

Sucede lo mismo con las revistas del corazón o prensa rosa, ya que la gente compran las mismas tanto semanalmente unas, como a diario otras. Es un periodismo dedicado a informar sobre la vida de las celebridades y la farándula, donde se da cuenta de los matrimonios, de las peleas, divorcios, embarazos, natalicios, entierros, fiestas, fracasos, éxitos, vacaciones, compras de casas, operaciones, sucesos y demás acontecimientos sociales de las capas altas de la sociedad y de las celebridades en terreno como el deporte, la política, las finanzas, los espectáculos, entre otros. Hasta aquí estas informaciones antes mencionadas tienen un pase, pero si hablamos de algunas revistas del corazón duras de cotilleo, ya que las mismas hablan y se meten en la privacidad de las personas, para así de esta manera estos periodistas y fotógrafos especializados, llamados "paparazzi", cobren una buena suma de dinero por los reportajes que furtivamente consiguen, ofreciendo los mismos, ya que, a mejor información más cantidad reciben, entonces es realmente nulo y deplorable.

Otras veces cuando estas revistas no tienen noticias que presentar, recurren a un grupo constante de celebridades creadas de baratillo por ellas mismas, pagándoles a través de sus redacciones para que se inventen noticias falsas. Este tipo de prensa escrita y audiovisual ofrece una visión lujosa, optimista y hedonista de la existencia, y careciendo ésta de compromiso social y ético. También tenemos a famosos que venden las fotos de sus eventos más importantes a la prensa del corazón por grandes sumas de dinero.

Últimamente me pregunto, ¿Qué clase de periodismo existe actualmente en algunos medios? ¿Hasta qué punto se está llegando en esta profesión, la cual no tiene que ver en absoluto con un periodismo genuino y serio? Y que conste, que siempre he sido de la opinión que el periodista debe de escribir todo aquello con pelos y señales, con toda la claridad y seriedad de este mundo. Creo que algunos periodistas con esta actuación se están cargando una de las profesiones más serias y fidedignas de todos los tiempos. No lo veo decente de ninguna manera, sino más bien deprimente y repugnante. Soy de la opinión que esta clase de actividades negativas tanto escritas como audiovisuales, no tendrían que emitirse bajo ningún concepto.

******

"Escritores/as":

Tampoco quiero dejar de lado la cantidad de libros que salen al mercado últimamente, de políticos, periodistas que trabajan o trabajaron en la radio y la televisión, personajes famosos de algunas cadenas basura de televisión, del futbol, entre otros. Parece ser que la crisis ha traído consigo este nuevo fenómeno, el sistema de venta, ya que salen tomos anualmente por doquier, parece que hoy es un gran negocio esto de sacar un libro al mercado, ¿Será que leyendo ciertos libros de personajes famosos, nos olvidamos de esta manera de la crisis que está atravesando España para no pensar en ello? Aunque no hay que olvidarse de que estos tomos hay que comprarlos, no los regalan, pero ¿A qué se debe este auge?

La respuesta es muy fácil o más bien necia la pregunta. En primer lugar porque son gente conocida a través de los medios y aprovechan la ocasión para escribir libros y venderlos como rosquillas, y en segundo, porque toda la propaganda que se hace a través de estos es gratuita, ya que muchos de estos periodistas y famosos, al estar trabajando dentro de los mismos, no pagan nada por ello. Muchas de las personas que compran estos libros, lo que más les interesa es tener el libro dedicado y firmado por estos "célebres escritores/as", y si se hacen una foto con ellos mucho mejor, pero ¿Verdaderamente todas las personas leen los mismos? ¿O es que solo coleccionan las firmas y las fotografías? ¡Qué mundo este!

No quiero dejar de lado algo que me abrasa interiormente desde hace mucho tiempo, y es que bajo mi criterio, pienso que todo el que escribe un libro debería escribirlo con la ayuda de sí mismo, y no con la de otros, ni tampoco aprovechándose de las circunstancias por ser famoso o conocido dentro de los medios. No hay nada con más grandeza y orgullo que conseguir en la vida algo sin la ayuda de nadie, y no triunfar por tener un padrino o por el mero hecho de ser conocido por trabajar en la radio, la televisión, o por los anuncios que emite esta. ¿Dónde están los críticos para que analicen esta clase de libros de estos "escritores/as" actuales?

Ahora entiendo mucho mejor aquello de "nadie se hace profeta en su tierra", aunque yo más bien diría, que solo se hacen profetas aquellos hijos de famosos, amigos, los que están dentro del mundo de los medios y los que vienen de afuera.

Según la infografía realizada por **Russia Beyond the Headlines** (fuente de datos) el 22.08.2013, en España se lee solamente 5:48 horas semanales, con lo cual España se sitúa en el puesto 20 de los 30 países analizados. Nos pasamos mucho más tiempo en online delante de la pantalla que en leer.

- Los países donde más se lee: India, Tailandia y China.
- Los países donde menos se lee: Taiwán, Japón y Corea.
- Los países europeos que más se lee: Francia, España, Alemania, Italia y Reino Unido.
- Países latinoamericanos que más leen: Venezuela, Argentina y México.

Como han podido leer ustedes a través de estas informaciones, los españoles leen muy poco, pero me pregunto, si es así, ¿A dónde van a parar tantos libros? ¿Son para ponerlos en la biblioteca de sus casas para lucir los mismos solamente, haciendo ver a los demás que son gente culta? Porque otra razón no encuentro.

******

Publicidad en Televisión:

La publicidad es un método persuasivo dirigido a influir sobre la conducta de las personas. Pienso que la publicidad se vuelve más engañosa cuando la interpretan famosos. Aparte de esto, los consumidores ya no son tan ignorantes como antaño, que creían que cuando los famosos consumían estos productos, los mismos eran los mejores y los fabricantes hacían su gran negocio. Hoy la tendencia es otra, ya que el consumidor actualmente sabe bien que la mayoría de estos artículos son un engaño. Yo por ejemplo nunca compro un producto que se emite constantemente, sino que consumo aquel que es bien conocido desde siempre y no le hacen tanta propaganda.

Por eso creo que lo más natural y credibilidad para los productores a la hora de publicar un anuncio de un nuevo producto lo hagan menos veces, y este sea hecho por un personaje de la calle desconocido y no de un famoso, ya que la naturalidad es la base principal de lanzamiento de un nuevo producto al mercado, y al mismo tiempo se está pagando menos a esta persona, a la cual se la está ayudando por una parte, y por otro la empresa que lanza este producto se ahorra una gran cantidad de dinero al no tener que pagar a las agencias ni a estos famosos cantidades tan desorbitadas.

La diferencia de ahorro que supone entre la persona de la calle y el famoso, sería de buen ver ofrecerlo a ONGS o a otras instituciones necesitadas. De esta manera saldrían ganando las tres partes; en primer lugar, la que presenta el producto, ya que con esta ayuda hacen ver a los consumidores la buena acción de entrega de este dinero para ayudar a estas instituciones, consiguiendo de esta manera mayor venta del producto; en segundo, la ayuda que se hace a la persona de la calle contratada; y el tercero, por el ahorro del fabricante de no pagar al famoso cantidades superiores.

Hay también que decir la agresividad de todos los productos que se emiten en la televisión, ya que los mismos acarrean un estado anímico negativo frente a los que están viendo los programas de la misma, pues aparte de hacer tantas pausas del programa que se está emitiendo para publicar los productos, también lo es sobre todo cuando se ve el mismo producto publicado constantemente, llegando a originar un cansancio tal, que muchos de los espectadores prefieren apagar el aparato antes de estar viendo un programa o película que normalmente dura entre una hora y media y dos horas, llegar a ser con estos dichosos anuncios el doble de tiempo, ya que cada pausa que hacen puede ser a veces de hasta más de diez minutos de duración. Creo que estos anuncios se deberían de anular mientras dure la película, el programa u otro, y se emitan estas publicaciones al término de lo que se está viendo, o sea sin cortes publicitarios como se hace en la primera de TVE.

A propósito de los anuncios televisivos, tengo que decir, que la mayoría de los comerciales de televisión, anuncios o spots televisivos, son tan cómicos que en la mayoría no guardan relación alguna con el producto que se está anunciando. Habría que hacerles saber a estas agencias publicitarias que se encargan de hacerlos, los hagan de otra manera, para que así tengan concordancia con el producto, ya que los fabricantes pagan una gran cantidad de dinero por ello. No sé cómo estos no se han dado cuenta aún de la poca profesionalidad de algunas agencias a la hora de elaborar un spot publicitario.

También decirles a estos fabricantes, que cambien la rutina de publicar el mismo producto de idéntica manera y con las mismas personas durante un largo periodo de tiempo, ya que esto pasa como con los dulces, que de tanto comerlos llega uno a hartarse de ellos hasta coger asco de los mismos, pues exactamente pasa con la publicidad, que de tanto ver y escuchar repetitivamente un producto cualquiera durante meses, los consumidores se cansan, y es cuando estos comienzan a desconfiar del artículo que se está emitiendo constantemente.

******

Contaminación mediática

Algunos medios contaminantes
que contaminan el medio ambiente,
supuran con despilfarro
el incremento del mal oliente.

Podredumbre en las pantallas
que se ven por las mañanas y noches,
entre insultos, sollozos y críticas,
ganando dinero a montones.

Corruptela cultural actualizada
que nos arrastra hacia el abismo,
de esta enseñanza nefasta
por educadores sin principios.

Descomposición comenzada
entre juego de palabras y actuaciones,
siendo esta la delincuencia moderna
la que nos da los sinsabores.

A la perversión hemos llegado
de esta era tan deslumbrante,
por no saber hacer otra cosa
que nos enseñen un mejor arte.

Poema a todos los españoles.
Del escritor, poeta y compositor Carlos Ortega Serrano

Tasa de basura en Sevilla:

Fuentes de prensa anunciaron que más de 41.000 locales de Sevilla pagan tasa de basura, muchos vacíos por la crisis y otros porque están cerrados desde hace mucho tiempo. El pasado 01.01.2014, el ayuntamiento de esta localidad hispalense comenzó a cobrar la nueva tasa de basura a todos los locales de esa ciudad (estén vacíos o no), o sea a 16.000 nuevos contribuyentes para recaudar 21,7 millones de euros en ese año.

Como vemos, esto es un acto más de terrorismo corrupto, de abuso y atraco al ciudadano por parte de las autoridades de esa ciudad para sacar dinero de donde sea y reponer las arcas de la misma, ya que lo que había se lo han ido robando tiempos atrás algunos elementos corruptos, como en el caso de los ERE.

Pienso que tanto los locales comerciales, pisos, oficinas, naves, y otros inmuebles que estén cerrados, no deberían de pagar ni basura ni el IBI anual, ya que lo que no se usa, tampoco tiene el porqué de pagarse. Pasa como con lo de la luz, que sin consumir la misma, hay que pagar el mínimo cada dos meses. Esto más que robo, es "terrorismo", pero viniendo de la zona en donde comenzó el asunto de los ERE y de sus presuntos delincuentes, no es de extrañar.

Es una vergüenza y un robo a mano armada que exijan el pago a través de recibos domiciliarios y bancarios a locales comerciales, oficinas y naves sin ninguna actividad, ya que no generan residuos ni basura alguna. Ya hubo denuncias en su día por este hurto que estas "autoridades" han comenzado a cobrar a los ciudadanos. Esperemos que dicha tasa sea eliminada por ser la misma dudosa y carecer esta de argumentos transparentes, y devuelvan lo que ya se han cobrado.

Creo necesario considerar a algunos Miembros de la Junta de Gobierno de la ciudad de Sevilla: el Alcalde, los 10 Concejales, el Concejal Secretario y los dos suplentes primero y segundo, como individuos nefastos a la hora de llegar en los plenos a acuerdos municipales, ya que la prioridad está en ayudar a los ciudadanos y no a acrecentar más impuestos por culpa de otros que dejaron las arcas vacías.

******

Deportes:

No quisiera dejar de mencionar el apartado de los deportes, en este caso el del futbol, ya que el mismo si bien fue un deporte, actualmente para muchas personas no se mira como tal, sino que es una lucha campal entre hinchas de una parte y de otra, en donde entra hasta la política, el odio de un bando y del otro, los incidentes, como las peleas y hasta muertes que ha habido en muchos lugares entre unos y otros a través del mismo.

El futbol como tal puede considerarse a partir del año 1863, periodo de la fundación del mismo, **The Football Association**, aunque sus orígenes se remontan varios siglos atrás en las Islas Británicas.

Aquí vamos a hablar sobre los pagos que se hacen cuando se compran o se venden jugadores de unos equipos hacia otros, traspasando a estos por cantidades multimillonarias por el mero hecho de dar patadas a un esférico.

Es vergonzoso y humillante que se paguen millones de euros a unos señores por jugar al futbol. Se mueven cantidades astronómicas cada año en todos los países para este deporte, mientras hay personas en algunas naciones tercermundistas que pasan hambre y se mueren de la misma por no poder alimentarse.

Actualmente por el paro que hay a través de la crisis económica mundial que está azotando el globo terráqueo, vemos como en Europa también hay muchas personas que están pasando hambre y calamidades por no tener un puesto de trabajo, el cual les pueda ayudar a todos a una vida digna y decente.

Hay que hacer una mejor política para todos los ciudadanos, sin pagar tantos impuestos como se están cobrando, y que todo el mundo tenga su casa, su puesto de trabajo, su coche, su buen sueldo, etc. etc., pero para hacer el bien a todos, no es posible, ahora, para pagar millones de euros a estos sujetos por dar pataditas al balón, para eso si que se tiene dinero a manos llenas.

España por ejemplo, es uno de los países donde más se paga a estos individuos del balón. Se hacen traspasos anualmente de jugadores de otras naciones por cantidades de dinero desorbitadas. Bajo mi criterio, esto también es un delito, es terror, ya que se está jugando con la vida de las personas que no tienen donde apoyarse ¿Qué clase de crisis tenemos? Esto es la vergüenza de un país cuando se tiene dinero para el vicio y nada para las personas necesitadas.

Muchos de estos jugadores que vienen de otros países se hacen millonarios en el nuestro, ¡Como si no los tuviéramos en España y mejores!

Naturalmente que esto para los clubes es un gran negocio, ya que al haber extranjeros jugando en las filas de los equipos, los estadios se llenan hasta los topes por ver jugar a estos individuos. Bajo mi punto de vista y el de mucha gente, esto es aberrante y se tendría que prohibir.

Creo que la Federación Internacional de Futbol Asociación (FIFA), la cual se fundó el 21.05.1904 en Zürich (Suiza), debería de prohibir el traspaso de jugadores a otros clubes. Cada país tendría que jugar con sus propios jugadores, como cuando se juega una mundial, ya que a aparte de ser lo suyo, tendría más aliciente.

Me veo también en la necesidad de manifestar, que no se puede empujar a estos futbolistas a que ganen siempre, ya que son solamente seres humanos, pues un día se está bien y otro no, depende de muchas situaciones: la emotividad, el ánimo, la autoestima, el cansancio, las ganas, como se encuentran psíquicamente ese día, etc.

Pienso que para las competiciones de máxima categoría, como pueden ser: la competición mundial, la europea, entre otras, habría que darles a los más jóvenes la oportunidad de jugar, sobre todo para realzar y hacer más fuerte a la selección, ya que estos entrarían con fuerza al tener muchos menos años, y no dejar a otros que ya no producen lo que debieran por haber entrado ya en una edad que no les permite rendir lo deseado.

Pero volviendo a lo anterior, pienso que son vergonzosas y aberrantes las cantidades que se barajan para el traspaso de estos futbolistas, que si sumamos a esto los sueldos que cobran; las primas que se llevan por ganar ciertos partidos; las ganancias de publicidad; las dietas y viajes gratuitos, etc. vemos que nos da como resultado unas cantidades millonarias que se embolsan estos sujetos por jugar al balón y pasárselo bien.

El sábado día 06.09.2014 leo en la prensa de los deportes: **El Real Madrid ingresó más de 603,9 millones de euros en la temporada 2013/14, convirtiéndose en el primer club del mundo que supera dicha barrera**, **un 10% más que en el ejercicio anterior**. Dicho record deja boquiabiertos con esta cifra a los expertos en marketing, a los economistas y a los altos mandatarios de todos los clubes deportivos del mundo.

La Contribución que pagó el club a los ingresos fiscales del Estado y para la Seguridad Social que ascendió a 167 millones de euros, lo veo formidable, de acuerdo, pero que se paguen esas cantidades tan grandiosas de dinero a los jugadores, lo veo bastante mal, ya que si pensamos en lo que gana un obrero/a por estar trabajando duramente durante todo un mes, vemos que este tendría que estar trabajando durante varias generaciones para ganar parte de esas cantidades. Para mí, es un acto delictivo.

No me extraña en absoluto que se paguen esas cuantías, ya que los estadios se llenan a rebosar de gente, y si a esto lo multiplicamos por lo que cuestan las entradas, entonces estamos hablando de millones y millones de euros que sacan cada temporada, y así de esta manera poder pagar anualmente a estos individuos del balón por lo que sus representantes quieran.

Opino que se deberían de bajar las localidades para estos eventos, y a los entrenadores y jugadores darles un sueldo dentro de la normalidad y un extra por cada partido que ganen, pero no de la manera que se ha estado haciendo hasta ahora. Estos sueldos, compras y traspasos, están totalmente fuera de lugar, es por esta razón por la cual dichas actuaciones entran también en el apartado de la corrupción y del terror (valga la redundancia).

Ya que estoy en este apartado, no quiero bajo ningún concepto dejar de hablar sobre la corrupción existente en la Federación Internacional de Futbol Asociación (FIFA), la cual arrastra desde hace años una estela constante de casos de corruptela a través de su actual presidente por varios escándalos y presuntos actos de corrupción, como la elección de la sede del mundial 2022 en Qatar, la inequidad en la distribución de las ganancias por Brasil 2014 y por supuestos sobornos para obtener la dirigencia del órgano rector del futbol mundial y un etc. muy largo. Yo lo llamaría más bien casos delictivos.

Leemos en la prensa internacional y en otros medios, que integrantes de la misma FIFA evidenciaron los sobornos para que Qatar sea la sede Mundial 2022, de los cuales aseguran que el presidente de la FIFA *Joseph Blatter*, tuvo pleno conocimiento, por lo cual la Unión de Asociaciones de Futbol Europeas (UEFA) ha mostrado su rechazo a que dicho señor se reelija como presidente.

La corrupción del caso Qatar, se debe a que el 02.12.2010, el comité Ejecutivo de la FIFA aprobó, con 14 votos a favor y 7 en contra, que la sede del Mundial 2022 fuera Qatar, a pesar de que un estudio previo de la propia FIFA evidenciara la inviabilidad del país árabe como anfitrión mundialista debido a las extremas temperaturas de alcanzar casi los 50 grados de calor ¿Cómo se explica entonces que Qatar ganara?

El periódico británico **The Sundai Times** dio a conocer una serie de documentos en los cuales revela que aparentemente los presidentes de las federaciones de futbol de Asia, África y Centro América recibieron un total de 7 millones de dólares a cambio de su voto a favor de Qatar, los cuales fueron repartidos de la siguiente manera:

- **1.3 millones de dólares para la Confederación de Futbol de Norte Centroamérica y el Caribe.**
- **1.7 millones de dólares para la Confederación Asiática de Futbol.**
- **5 millones de dólares para la Federación Africana de Futbol.**

Además, los documentos del periódico británico señalaban que el presidente de la FIFA tuvo pleno conocimiento de las transferencias de dinero de Qatar a dichas federaciones. Esta entidad está formada en su mayoría por corruptos, unos por haber aceptado esta clase de corrupción y otros por haberlo hecho, sobre todo de su presidente actual, el cual lleva hasta la fecha 16 años como tal, y que buscará una vez más en este año 2015 la reelección, en un entorno de acusaciones de compra de votos, a través de regalos que este señor hace para asegurarse las elecciones como lo hizo anteriormente, reveló al diario el señor Warner quien también fuera vicepresidente de la FIFA.

Según el ex dirigente de la Concaf (Jack W.), dio a conocer, que desde 1998, *él recibió 6 millones de dólares para cada reelección del presidente actual al frente de la FIFA*. También dijo que "*los regalos que el presidente de esta organización hace para asegurarse sus elecciones, harán que a la gente se le revuelva el estómago*".

(Michel Platini.) Presidente de la Federación Europea de Futbol señaló durante la mundial del 2014, **que ya va siendo hora que el presidente de la FIFA (Joseph Blatter.) dimita de su cargo** por dichos escándalos de corrupción.

A dichas acusaciones se suman las del que fuera el gran astro del futbol argentino Diego Armando Maradona, quien dijo, (que no se vuelva a votar por el actual presidente para presidir la FIFA, pues esta se queda con gran parte de las ganancias del Mundial y a los futbolistas les dan muy poco).

De acuerdo con la FIFA, el campeonato del Mundo del 2014 recibió 35 millones de dólares, el subcampeón 25 y el tercer lugar 22. Mientras que dicha entidad recaudó 4 mil millones de dólares por publicidad y venta por derechos de transmisión.

Como hemos podido leer en estas informaciones que dieron los diarios a finales del mes de junio de 2014 sobre la FIFA, vemos la gran corrupción existente a nivel mundial que hay, tanto en deporte, política, etc. Por eso no es de extrañar que en nuestro país no suceda lo contrario, aunque está claro que en unos hay mucha más corrupción que en otros.

Una vez más el presidente de la FIFA Joseph Blatter volvió a ser reelegido en mayo del 2015 a seguir cuatro años más al frente del fútbol mundial, pero se vio obligado a anunciar su dimisión cuatro días después acusado por los casos de corrupción de la mayoría de sus más estrechos colaboradores, ya que en la última semana de mayo que se efectuó el congreso en Zúrich (Suiza), fueron detenidos por la policía a siete altos cargos del organismo, entre ellos dos vicepresidentes y estrechos aliados del líder, por corrupción. Ahora todos esperan a ver qué hace Blatter, ya que juega al equívoco porque sigue de presidente y no formaliza su dimisión. El avezado presidente de la FIFA está siendo sometido en Estados Unidos a una investigación federal, según informó The New York Times. Esperemos que salgan otros candidatos para dirigir la presidencia de este deporte y poder acabar con todo este lastre de corruptos dirigidos por Blatter al frente de la FIFA como presidente desde 1998.

******

La corrupción bancaria:

¿Se podría decir que España es la cuna de la corrupción bancaria en Europa, la cual utiliza el secreto bancario como herramienta para proteger la misma? Pienso que sí, sin lugar a dudas.

Creo absurdo las legislaciones actuales que, como la española, impiden publicar los nombres de los evasores fiscales. Se deberían hacer saber a estos sujetos a través del Boletín Oficial del Estado (BOE) y en los medios, para así de esta manera, saber quiénes son los cacos de nuestro dinero, y tenerlo en cuenta, para no meter nuestros caudales dentro de estos bancos y cajas de ahorros de (Alí Babá y sus cuarenta ladrones).

Ha comenzado a salir la podredumbre de estos maleantes sin escrúpulo Alguno. Ya era hora que supiésemos de estos malhechores, padres de la corrupción bancaria. Artífices de las mentiras que nos meten y de los robos constantes del dinero de los ciudadanos. El gobierno y el Poder Judicial deberían de comenzar de una vez por todas a sacar a la luz todos estos robos e injusticias que estos ladrones de guante blanco llevan haciéndolo desde años.

Los hay que después de haberse apoderado de millones y millones de euros a través de las entidades bancarias donde trabajan, sigan su trayectoria como si nada, como lo hizo Mario Conde "del Banco Banesto" donde ejercía como director. Abogado del Estado, empresario y político, donde se hizo conocido en el 1980 como presidente del Banco Español de Crédito (Banesto), a los 39 años de edad. Tal fue la magnitud de su popularidad, que fue nombrado por la Universidad Complutense de Madrid, **Doctor Honoris Causa** en un acto presidido por el rey y por las máximas autoridades de España. ¡Qué vergüenza, con patinazo incluido!

Fue procesado por apropiación indebida y falsedad en documento mercantil, ya que este individuo había retirado del Banesto la no despreciable suma de 3,6 millones de euros (600 millones de pesetas), ingresándolos posteriormente en una cuenta suiza de la sociedad Argentia Trust, amén de otras cantidades multimillonarias que hizo durante los años 80 y 90 de esplendor que tuvo, convirtiéndose en símbolo del éxito empresarial. ¿De dónde salió tanto capital para llevar ese tren de vida majestuoso? Hasta la pregunta es necia.

Ante los problemas que arrastraba el banco español de crédito, que presentaba un agujero patrimonial de alrededor de 450.000 millones de pesetas (2.704 millones de euros), el 28.12.1993 el Gobernador del Banco de España intervino la entidad y destituyó a su consejo de administración, sustituyéndolo por un nuevo consejo provisional, para asegurar la estabilidad y el futuro del banco. Cumplió su condena en la cárcel de Alcalá Meco (Madrid), construida en el año 1981según un modelo suizo de alta seguridad que después no se implantó. Disfrutó también del tercer grado, con lo cual acudía a dormir al Centro Victoria Kent, entre otras comodidades.

Como bien saben ustedes, este señor fue uno de los grandes cacos de la historia de la banca, al cual se le condenó a 20 años de prisión. En la cárcel tuvo ocasión de escribir algún libro, pero cuando salió de la misma, tuvo la osadía aún de presentar uno de ellos, en el cual se ve a este sujeto en la portada del mismo al timón de su yate. Más tarde se afilia al Centro Democrático Social (CDS) en el año 1998, y en el 2000 se presenta como cabeza de lista de dicho partido a las elecciones generales de España del mismo año, bajo las siglas de **Centro Democrático Social** (CDS), sin que consiguiera representación, por lo cual dimitió esa misma noche de las elecciones y de todos sus cargos dentro del partido CDS.

En octubre del 2012, durante el transcurso de la campaña electoral gallega, se presentaba como fundador y presidente del partido político **Sociedad Civil y Democracia** (SCD), como candidato al parlamento de Galicia, pero sin obtener representación por los pocos votos obtenidos. Este partido fue registrado legalmente el 20.06.2011, y el 21.05.2013 anunciaba su despedida del partido de SCD, y el 06.07.2013 dejaba oficialmente el cargo de presidente del comité ejecutivo.

No comprendo cómo el Gobierno, tanto gallego como el de España que por ese entonces ejercían como tal, dejaron a este señor presentarse a unas elecciones, a sabiendas de lo que había hecho en el pasado cuando ejercía en la banca como director. Pienso que no hay principios éticos en este país.

No me canso de insinuar el mal de los males de esta nación, ya que hay que tener las caras muy duras de este mundo para dejar hacer a ciertos personajes cosas que no van con la realidad, y lo peor del caso es que algunos de estos elementos tarde o temprano vuelven a incidir en sus fechorías como si tal cosa. Muchas veces me pregunto, si todos estos personajes tanto del mundo de la política, judicial, economía, abogacía, etc. si realmente han estudiado por vocación, o más bien escogieron estas carreras para hacer pilladas y ganar todo el dinero posible sin importarles sus semejantes. Yo creo que es una mayoría los que han actuado de esta manera desgraciadamente. Así le va al país y a así seguirá. No lo duden.

******

El rescate bancario:

Lo más relevante y repugnante de todo esto, es que el sábado 9 de junio de 2012 el gobierno haya solicitado y obtenido de la Unión Europea un rescate bancario de hasta 100.000 millones de euros, que el estado utilizaría para sanear el sistema financiero español. El ministro en funciones negó llamarlo rescate, sino, un préstamo en condiciones muy favorables, mejores que las del mercado, (una vez más el orgullo español). También es cierto que solo se necesitaron 41.333 millones de € según el ministro, pero en realidad ¿Qué hay de verdad en todo esto?

Y yo pregunto ¿Dónde está todo el dinero de los bancos? ¿Qué han hecho con todo el capital de los ciudadanos? Creo que todos ustedes saben más o menos donde está el mismo, aunque esto seguramente lo podrían responder mejor los directores de estas entidades, ejecutivos y algunos más. Ya que estos "señores" se ponen su propio sueldo, con unos porcentajes mensuales y anuales millonarios, también la renta que se estipulan cuando se retiran, etc.

Los bancos y cajas han sido rescatados, pero, ¿Qué clase de ayuda han recibido los ciudadanos que no han podido seguir pagando la hipoteca de la vivienda o de otros por encontrarse estos en el paro? Sí, hicieron algo en su propio beneficio, comenzaron al desahucio de todas estas personas de sus viviendas. No nos olvidemos que en España hemos traspasado ya la barrera de los seis millones de personas paradas.

Así con todo lo expuesto, la corrupción bancaria queda sin castigo y se les sigue permitiendo a que sigan jugando, a que suban las acciones para luego vender y dejar después que se estrellen a su libre albedrío, sin importarles como les pueda ir a los demás.

Cuando los bancos necesitan dinero, saben muy bien lo que tienen que hacer, ya que ellos son uno de los artífices importantes para la economía de un país, sin que se les controle por sus tantas y tantas pillerías que constantemente ejercen.

Esta es la situación de nuestro país, pues por culpa de estos vandálicos maleantes de la banca corrupta, hemos tenido más subida del IVA, impuesto directo al consumidor; atraso de la edad de jubilación, o sea, más cotización y menor disfrute; recortes en las pensiones, adiós a una de las pagas extras; menos cultura, así ignoraremos lo que ocurre; peor sanidad, bajas humanas sin necesidad de una guerra; investigación nula, que inventen otros… y muchas falacias más vestidas de gloria.

Mientras tanto, el Gobierno decía en el año 2014 que el rescate de la banca ya no traerá más recortes. ¿A qué alude? ¿Al estado de bienestar o a las abundantes ganancias de los infractores? ¿Verdaderamente los bancos necesitan de este rescate del FMI? Parte de los políticos están mintiendo. Muchos de estos sujetos han estudiado para meterse en la política y engañar al pueblo, tratándolo de ignorante. Esto se tiene que acabar, ya que la paciencia de los ciudadanos se está agotando y la misma tiene un límite.

Con toda esta corrupción actual existente de tantos políticos, banqueros, constructores, grandes empresarios, jueces y fiscales que defienden a imputados por el mero hecho de ser personalidades y amigos, abogados que defienden a delincuentes, fuerzas públicas del Estado, y un etcétera muy amplio, con lo cual, hasta que no se extirpen estos cánceres malignos, España no podrá curarse de sus heridas para poder seguir hacia adelante. ¿Qué es lo que se implanta en España, Justicia o impunidad? Por lo que se ha visto hasta ahora, la justicia solo es para los que no tienen donde agarrarse; la impunidad para los célebres, compañeros y otros.

No es de extrañar que según los datos dados a finales de septiembre de 2014 por el Fondo Monetario Internacional (FMI) hicieran saber, que España es el segundo país con mayor deuda externa tras Estados Unidos. La deuda exterior estadounidense es la más cuantiosa del mundo, con unos 5,5 billones de dólares al cierre de 2013, seguida de España con 1,4 billones. Para hacer frente a dicha deuda, cada español tendría que abonar la no despreciable suma de casi 30.000 euros para pagar la misma:

(**1,4 billones: aprox. 47 millones de habitantes = 29.787,23 €/persona**).

Y cuidado, con esta cifra hemos conseguido ser el primer país del mundo con mayor nivel de deuda externa sobre PIB con el 103,1%. Esta deuda externa, es el flanco débil de la economía española.

Me pregunto, ¿Qué futuro nos espera a los españoles con toda esta estela de sinvergüenzas corruptos? ¿Dónde está la justicia? ¿Qué clase de ley se está implantando a todos los corruptos cuando entran en la cárcel por una puerta y salen por la otra como si se tratara de darse un paseo por la ciudad?

La ley solo se ensaña con los más débiles y desgraciados, ya que mientras estos individuos granujas desvalijan los millones de euros de la caja del Estado y siguen libres como si nada hubiera pasado, otros que roban para dar de comer a su familia, les caen varios años de cárcel. Es una vergüenza que no se puede tolerar por más tiempo. Parece como si el castigo de la ley solo recae sobre los más frágiles.

******

Caja Madrid y Bankia:

El 01.10.2014 escuchamos en los medios y leemos en la prensa española de (El País):

Consejeros y altos directivos de Caja Madrid y de Bankia, disfrutaron durante al menos diez años –entre 2003 y 2012– de tarjetas de crédito de empresa a las que supuestamente cargaron gastos personales por valor de 15,5 millones de euros. Estas tarjetas fueron otorgadas por la entidad crediticia a los directivos al margen de la cuenta habitual de gastos de representación y sirvieron para abonar, entre otros bienes, ropa, compras en grandes superficies, alimentación, comidas en restaurantes, viajes, etc. Incluso retiraban cantidades en efectivo.

El caso implica que estas tarjetas sirvieron para compras en grandes superficies, restaurantes, viajes o incluso para retirar dinero en efectivo. Además el consejo de administración y ejecutivo de la entidad, que fue rescatada en 2011 con 4.465 millones sacados de fondos públicos, extrajeron hasta 2,1 millones de euros de cajeros. Entre las personas que actuaron así destaca el ex presidente de Caja Madrid Miguel Blesa y su sucesor Rodrigo Rato (quien ha devuelto las cantidades). De todos los implicados 57 pertenecían a formaciones como PP, PSOE, IU, CC OO y UGT.

Asimismo, estos datos se pueden corroborar en el sumario del caso Bankia (instruido por Fernando Andreu, juez de la Audiencia Nacional).

La noticia también dice:

El pasado 26.06.2014, Bankia envió al director general del Fondo de Reestructuración Ordenada Bancaria (FROB), Antonio Carrascosa, dos informes de auditoría interna en los que se alertaba de la entrega "fuera del circuito ordinario" de las tarjetas fantasmas, de las que no había contabilidad precisa, y se informaba de la existencia de disposiciones millonarias sin justificar.

Así, Caja Madrid cargó entre 2003 y 2012 hasta 15.5 millones de euros en estas tarjetas que son para gastos de representación y los directivos de Bankia a su vez, utilizaron estas tarjetas para pagar bienes y servicios hasta 245.200 euros en total.

******

El pluriempleo de los políticos:

Con más de seis millones de parados en la actualidad, el cual va en aumento según pasa el tiempo, vemos en las noticias de los medios, que el 88% de los diputados del Congreso español está pluriempleado, aunque yo pienso que lo están casi todos.

Muchos compatibilizan su actividad política con bufetes de abogados y otro tipo de empresas de las que, en algunos casos, son titulares. (Este es un caso más de corrupción).

La Comisión del Estatuto del Diputado, autoriza a estos políticos a parte de su trabajo como tales, a ejercer la abogacía, la docencia, otros seguir llevando las riendas de sus empresas o desempeñar funciones ejecutivas en sociedades de las que son accionistas, etc. Otros tienen además el beneplácito de la Cámara para compatibilizar el escaño con el cargo de consejero de alguna caja de ahorro. Algunos ejercen la medicina privada y otros tienen permiso para trabajar como editores, periodistas, ingenieros técnicos industriales, farmacéuticos…

Hay algunos que además de diputados son alcaldes o concejales, pero en este caso la ley sí les obliga a elegir entre uno de los dos sueldos, aunque si eligen el de diputado pueden cobrar dietas de las corporaciones locales. El diputado debe dedicarse en exclusiva al Congreso, ya que la Ley así lo exige, pero la realidad es otra. Entonces ¿Cómo es posible que no se respete la misma y sigan éstos desempeñando y cobrando los mismos?

Como se puede apreciar, se contradice una cosa con la otra, ya que ellos siguen haciendo de las suyas para su propio bien sin respetar la Ley, quitándoles el trabajo a otras personas mucho más necesitadas. No es de extrañar que haya tanto paro laboral, cuando estos señores cobran varios sueldos por varias funciones que hacen, y que a veces ni efectúan, ya que solo rezan como tales sobre el papel. ¿Qué clase de Leyes y de políticos tenemos que se lo pasan todo por alto? La respuesta en sí es bastante tonta, ya que ellos mismos hicieron las leyes y como tal, la misma es fácil de responder: (quien hizo la ley hizo la trampa).

No se descartan en el futuro nuevos casos de corrupción, sobre todo aquellos más antiguos que están tapados, pero que con seguridad a través del tiempo saldrán a la luz y espero que así sea. Todos los españoles debemos de seguir luchando por el bien común de España, para que la democracia sea fluida, limpia y transparente y para que todos estemos dentro de un Estado de Bienestar sólido.

El origen del Estado del Bienestar vio la luz por primera vez gracias a su inventor, el economista británico *John Maynard Keynes* (05.06.1883 – 21.04.1946), considerado como uno de los economistas más influyentes del siglo XX sobre las teorías y políticas económicas, el cual deseaba un desarrollo económico, pero que no se interpusiera en la vida y bienestar social. Dando unas condiciones de vida más igualitarias, seguridad y bienestar general de la población. Surge a consecuencia de la gran depresión tras la segunda guerra mundial, consolidándose en los países desarrollados. Su obra central, considerada la más destacada de todas las que escribió, fue la: **Teoría general del empleo, el interés y el dinero**, publicándose esta en febrero de 1936. El Estado del Bienestar en España incluye las intervenciones del Estado (tanto en el nivel central como en los niveles autonómico y local) dirigidas a mejorar el bienestar social de la ciudadanía y la calidad de vida de la nación, o sea, (es el desarrollo del sistema económico, político y social).

Pero como vemos, al menos en España, no se está dando todo aquello positivo que la sociedad española necesita y quiere, sino que parte de este bienestar que deberíamos tener los españoles, va en la actual política acompañado de opresiones de tipo "merma" contra la ciudadanía bajo todos los recortes que se han hecho hasta ahora, como lo son: menos puestos de trabajo por la mala política del Gobierno, contribuyendo con ello a más paro; en sanidad; cultura; pensiones; ciencia; y otros muchos más que siguen el mismo rumbo de reducción.

******

Desahuciados

Desahuciados por los bancos
por no poder pagar la hipoteca,
de tantos recortes e impuestos,
nos quedamos sin enmienda.

Banqueros y constructores
pillos como no los hay más,
con engaños a largo plazo
las letras en aumento irán.

Treinta años para pagarlas
o quizás algunos más,
sin dormir así estaremos
hasta pagar nuestro hogar.

Cuando haya pasado el tiempo
después de tanto saldar,
habremos pagado el doble
por el truco de ayudar.

Ya sin fuerzas estaremos
cuando lleguemos al final,
por culpa de esos granujas
que solo saben engañar.

Poema a todos los españoles.
Del escritor, poeta y compositor Carlos Ortega Serrano

******

Los paraísos fiscales y el secreto bancario:

Mientras existan paraísos fiscales, será imposible combatir toda la delincuencia organizada.

La clasificación más conocida de los paraísos fiscales actualmente, viene dado por la OCDE (Organización para la Cooperación y el Desarrollo Económicos). Dicha lista fue elaborada por primera vez en junio del año 2000 incluyendo 31 países, actualizándose desde entonces en varias ocasiones. En esta última actualización el listado de los paraísos fiscales en el mundo, abarcan a 73 países en nuestro planeta.

Los paraísos fiscales son territorios cuyos sistemas tributarios favorecen de manera especial a sus no residentes, tanto personas físicas como entidades jurídicas.

Se tiene que eliminar también el secreto bancario, así de esta manera se acabaría el fraude fiscal. La lucha mundial contra los paraísos fiscales no tiene que detenerse, hay que conseguir eliminar a estos corruptos de la delincuencia. Para eso, tendrían que ponerse de acuerdo todos los Gobiernos y bancos para de esta manera acabar con el lavado de dinero que proviene del contrabando, de la droga, de la trata de blancas, de los robos, en fin, de toda la delincuencia en general.

Lista de Paraísos Fiscales:

Andorra, Corea Anguila, Letonia, Antigua y Barbuda, Líbano, Aruba, Liberia, Austria, Liechtenstein, Bahamas, Luxemburgo, Bahréin, Macao, Barbados, Malasia, Bélgica, Maldivas, Belice, Malta, Bermudas, Islas Marshall, Botsuana, Mauricio, Islas Vírgenes Británicas, Mónaco, Brunei, Darussalam, Montserrat, Canadá, Nauru, Islas Caimán, países Bajos, Islas Cook, Antillas Neerlandesas, Costa Rica, Panamá, Chipre, Filipinas, Dinamarca, Portugal, Dominica, Samoa, Francia, San

Marino, Alemania, Seychelles, Ghana, Singapur, Gibraltar, España, Granada, San Cristóbal y Nieves, Guatemala, Santa Lucía, Guernesey, San Vicente y las Granadinas, Hong Kong, Suiza, Hungría, Islas Turcas y Caicos, India, Emiratos Árabes Unidos, Irlanda, Reino Unido, Isla de Man, Uruguay, Israel, Islas Vírgenes de EE.UU., Italia, EE.UU., Japón, Vanuatu, Jersey, etc.

Como bien ustedes habrán observado, España también está considerada como paraíso fiscal. Tomemos algún ejemplo:

Según la información del diario *El País* de 27.02.2011, la mayor empresa del mundo **ExxonMobil Spain** utiliza España como paraíso fiscal. Esta empresa, filial del gigante del petróleo EssonMobil ganó en dos años 10.000 millones de euros en España sin pagar un euro en impuestos. Dicha empresa usa su filial española sólo para ahorrar impuestos. Exxon, al igual que otras muchas multinacionales, ha encontrado en España su particular paraíso fiscal.

Exxon usa una fórmula completamente legal para ahorrar impuestos:

Las entidades de tenencia de valores extranjeros (**ETVE**). El uso de esta figura se puede calificar de ingeniería financiera, de planificación fiscal, pero no de fraude, salvo que se demuestre lo contrario (que a veces se demuestra).

Exxon-Mobil es la mayor empresa del mundo por valor en Bolsa y la primera por facturación, con unos ingresos de 383.221 millones de dólares (unos 280.000 millones de euros) en 2010. En España y Portugal operaba bajo su marca **Esso**, una red de unas 130 gasolineras, que vendió a la portuguesa **Galp** en 2008. Pero además Exxon tiene en España otra sociedad discreta, alejada de los focos, que mueve cifras multimillonarias.

En España, multinacionales como Vodafone, Hewlett Packard, American Express, General Mills o Eli Lilly han utilizado las **ETVE** para canalizar sus participaciones en empresas extranjeras. Algunas de estas sociedades tienen un solo empleado. El de ExxonMobile Spain por ejemplo, cobró en el año 2009 un sueldo de 44.000 euros. No parece mucho para una empresa que ganó en España 5.333 millones en el mismo año.

Es gracioso y paradójico al mismo tiempo cuando se habla y se critica sobre los paraísos fiscales, sin tener en cuenta que España también lo es, como sucede en otras naciones. Antes de censurar a otros países y perseguir a algunos de nuestros ciudadanos evasores de capitales, sobre todo para no pagar los impuestos correspondientes, primero hay que eliminar a otros inversores extranjeros que actúan en España a través de suculentos convenios que existen, escapando así de pagar no solamente en sus respectivos países, sino también de no hacerlo en el nuestro.

Como bien dice la canción, "si yo tuviera una escoba, cuantas cosas barrería". Porque verdaderamente en nuestro país hay mucha basura, la cual hay que barrer cuanto antes, de lo contrario con el tiempo nos ahogaremos en ella.

******

Las eléctricas en España:

Las compañías eléctricas en nuestro país están estafando a todos los españoles desde que se abrieron las mismas. Muchos países tanto de Europa como de otros continentes han ido a la baja de la electricidad entre un 15% a un 25% aproximadamente, mientras que en España desde el año 2008 la tarifa eléctrica ha aumentado en más del 60%. Creo que la electricidad de España es la más cara del mundo. Esta nefasta proeza posicional, viene dada a través del informe que hizo la consultora **National Utility Service (NUS)** en marzo del 2012.

Estos presidentes de las compañías siempre están llorando, diciendo que han tenido pérdidas y tienen que subir la misma porque los países receptores del producto también les suben el precio. Sí, pero no de esos porcentajes tan altos que ellos ponen, y menos subirla como han hecho en varias ocasiones, dos y tres veces seguidas en años anteriores, subiendo el coste del KW/h a su libre albedrío. Y si llevan tantos años teniendo pérdidas, ¿Cómo es posible que sigan funcionando? Lo que no se entiende, ¿Cómo puede ser posible que trimestral, semestral y anualmente, escuchamos a través de los medios por medio de su dirección que obtuvieron tantos millones de beneficios?

Un dato muy importante es, que en casi todos los países nórdicos de Europa, solo se paga lo que se consume, y si el consumo ha sido menos de lo estipulado, devuelven el dinero una vez acabado el año. Tampoco se paga el mínimo aunque no se consuma, sin embargo en España sí, y ¿Por qué? Es fácil la respuesta, "porque son unos rateros y la ley les ampara"

Si tuvieran que devolver el pago mínimo de los recibos de la electricidad que no se consumió y que lo llevan cobrando desde la puesta en marcha de sus industrias desde décadas, tendrían que estar devolviendo todo ese dinero durante años para saldar a todos los hogares españoles.

Creo conveniente hacer la denuncia correspondiente sobre este asunto a la casa del pueblo, al Gobierno y al Parlamento Europeo para que se revise esta clase de expolio de nuestro bolsillo y se tomen las medidas pertinentes, ya que nos están robando constantemente, y cada vez quieren más.

A todos estos individuos indeseables habría que aplicarles la máxima ley, por hurto y por corruptos, y hacerles devolver a los ciudadanos todo aquello que se les robó. ¿Cómo puede ser posible que el Gobierno y el resto de la clase política estén aceptando estas pilladas por parte de alguno de estos mafiosos españolitos de traje y corbata? No me extraña nada, ya que muchos de ellos son iguales (de tal palo, tal astilla).

Y no olvidemos de nombrar al Gobierno, ya que los impuestos que se pagan por estas energías son abominables, nada más ni nada menos que el 60% sobre la factura de la luz. Véase a continuación la información del presidente de Iberdrola que dio a la prensa:

El 24.01.2014, el presidente de Iberdrola, aseguró ese viernes que el precio de la luz "debe y puede bajar" porque la factura actual es un "cajón de sastre", en la que se han ido metiendo "cosas variopintas" que deberían financiarse desde los Presupuestos Generales del Estado.

En declaraciones a la cadena Cope recogidas por Europa Press, ha subrayado que el 60% de lo que pagan los ciudadanos en su factura de la luz "no tiene nada que ver con la energía ni con los cables que le llevan esa energía a sus casas", sino que son en parte subvenciones, tasas e impuestos que no deberían realmente figurar en el recibo.

"*La factura de la luz desde tiempos remotísimos ha sido un cajón de sastre, donde se han ido metiendo cosas variopintas. Hay algunos impuestos y partidas que vienen de la época franquista y que ahora son impuestos de electricidad que van para financiar las comunidades autónomas*", explicó.

Además, ha argumentado que al *recibo de la luz también se cargan políticas sociales, territoriales, medioambientales, tecnológicas e industriales, políticas con las que el presidente de Iberdrola se ha mostrado "absolutamente de acuerdo", pero que deben financiarse desde los Presupuestos Generales del Estado, que para eso los ciudadanos "pagan sus impuestos".*

"*La factura de la luz no es su sitio. Creo que para esas políticas, igual que se hace en otros países, como Estados Unidos, deben utilizarse los Presupuestos del Estado, y si no son suficientes pues tendrán que ajustar sus impuestos para que todas esas políticas se hagan desde los Presupuestos*", indicó.

"*En España y en otros países europeos estamos en un camino que nos está llevando a una falta de competitividad terrorífica. Están encareciendo sobremanera, y eso hace que el tejido productivo pierda competitividad*", advirtió.

El presidente de Iberdrola, que asistió al Foro Económico Mundial que se celebró en Davos (ciudad y comuna Suiza del cantón de los Grisones), ha insistido en que esta situación debe cambiar y ha saludado que Europa se lo esté empezando a replantear. "*La factura de la luz no puede seguir siendo un cajón de sastre donde quepa todo*", concluyó.

******

Impuestos sobre los carburantes:

España es uno de los países de la Unión Europea donde más cuestan los carburantes. Muchos se preguntan qué porcentaje de impuestos pagamos por cada litro de combustible. La última subida del IVA del 21% ha supuesto un nuevo incremento en el precio de los mismos. La AOP (Asociación Española de Operadores de Productos Petrolíferos) indica que, en el caso de la gasolina de 95 octanos, la cifra llega al 48,29%, mientras por el gasóleo A, la fiscalidad supone un 42,69%.

En España, los carburantes padecen tres tipos de tasas: el Impuesto Especial de Hidrocarburos, el IVA (Impuesto sobre el Valor Añadido) y el Impuesto sobre Ventas Minoristas de determinados hidrocarburos. Esto supone redondeando, un aproximado de casi el 50% de impuestos por cada litro de carburante, siendo a veces algo más de este porcentaje.

Además, existe una importante variación impositiva, en función de la comunidad autónoma en la que se adquiera el combustible. Rellenar el depósito en una u otra comunidad puede suponer un ahorro de más de 6 céntimos de euro por cada litro de combustible, ya que cada comunidad autónoma tiene un margen para fijar los impuestos autonómicos a los hidrocarburos, llegando a ahorrar hasta más de 3,30 euros por cada depósito medio de 55 litros de gasolina, según la comunidad autónoma.

Tampoco hay que olvidar, que cuando llegan las vacaciones estivales y otras, siempre suben los carburantes de una manera alarmante. ¿Qué clase de controles hace el Gobierno sobre las empresas petroleras que les dejan hacer lo que quieren? ¿Dónde están los inspectores de Hacienda cuando esto sucede? Yo diría más bien "inspectores de haciendo bolillos".

Es aberrante y vergonzoso el porcentaje tan alto de impuestos que estamos pagando por los carburantes y por todo lo demás. Yo propondría que se les bajara el sueldo a estos sujetos en un 75%, para que vean ellos lo dificultoso que es vivir con poco dinero. Una buena idea sería pasar esto a un referéndum a nivel nacional para que el pueblo español decida sobre estos impuestos tan altos que impone el Gobierno ¿Qué les parece? Y si no lo hacen, entonces ¿Qué clase de democracia es esta la que estamos viviendo? Una vez más vuelvo a insistir, que los problemas de máxima envergadura sean preguntados al país a través de referéndums, ya que el pueblo es el soberano de toda democracia.

Estos dirigentes políticos en vez de ayudar y bajar los impuestos a los ciudadanos para que puedan llevar una vida más cómoda y decente, lo que hacen es exprimir la sangre cada vez más, como cuando se exprime un limón hasta dejarlo seco totalmente.

Tenemos como ejemplo la bajada del petróleo en enero de 2015, situándolo por debajo de los 50 dólares por barril, o sea, casi el 50% menos que en el verano de 2014. Vendiéndose el gasóleo A en algunas gasolineras a 0,98 €/l (max. histórico 1.451 €/l), y la gasolina 95 sin plomo a 1.115 €/l. (max. histórico 1.528 /l). Este precio no se alcanzaba desde el año 2010. Esto supone aproximadamente un 30% menos a la hora de llenar el depósito de combustible de un coche.

Pero a través de estos datos, vemos que el precio del combustible sigue siendo caro para el automovilista, ya que si la bajada del barril supuso un 50% menos de precio, no lo es en el de las gasolineras, ya que el máximo de bajada en éstas solo está en el 30%. Con estos apuntes dados, observamos que el Estado, así o así sigue cobrando más del 50% de impuestos sobre los carburantes. En el mes de abril de 2015 los carburantes ya estaban al alza. Llegaremos con toda seguridad al precio caro de antes.

******

Impuestos sobre derechos reales y plusvalía municipal:

Otro caso más de corrupción es el cobro sobre los derechos reales, conocidos como: (impuesto de sucesiones) para pagarlos en Hacienda, y (plusvalía municipal), para pagarlo en el ayuntamiento, siendo este último el más caro.

Los derechos reales en la mayoría de las Comunidades Autónomas españolas: es un impuesto bastante alto, llegando alcanzar hasta el 52%, pero si dichos bienes como herencia pasan de padres a hijos y a la mujer, no se paga casi nada. *El tiempo de reclamar el dinero de la Administración es de 4 años desde el fallecimiento.*

En materia de impuesto sobre Sucesiones y Donaciones, son varias las Comunidades Autónomas de España que se han hecho uso de su capacidad normativa.

- Hay Comunidades como: *Madrid, Navarra, Canarias, Islas Baleares, País Vaco y Valencia, en las que no hay tributación o es muy reducida tanto para herencias como donaciones (en ésta última Comunidad existe alguna restricción).*
- En otras Comunidades que no hay tributación o es muy reducida solo para herencias: *Cantabria, La Rioja, Castilla-León y Murcia (en ésta existe alguna restricción).*
- En las que no existe medidas relevantes de reducción del impuesto: *Andalucía, Castilla-La Mancha, Cataluña, Extremadura, Aragón, Asturias y Galicia (éstas tres últimas solamente reducen significativamente el impuesto cuando el heredero es hijo/a menor de 18 o 21 años).*

Aplicándose para los tres casos la ley fiscal correspondiente.

La plusvalía municipal por "cualquier título" se entiende:

- La transmisión por herencia o legado.

- La declaración de herederos "ab intestato" (es decir, sin testamento).
- La transmisión por donación, compraventa o permuta.

Es de máximo interés recordar que *a efectos de futuras transmisiones el impuesto satisfecho constituirá mayor coste de adquisición*.

La base del ahorro del IRPF tributa a un tipo del 21% por los primeros 6.000 euros, de 6.000 euros hasta 24.000 euros al 25% y a partir de 24.000 euros al 27%.

Todos estos datos han sido recogidos a través de profesionales de la abogacía, por (Expansión.com / JURÏDICO).

Esta clase de impuestos que se le carga al ciudadano es abismal y es un robo más a mano armada, ya que por lógica, cuando hay un testamento por medio a través de defunciones de los padres por ejemplo, o un traspaso de bienes en vida para los hijos, en los dos casos estos impuestos no se tendrían que pagar, ya que los padres en vida ganaron este patrimonio a través de los años con su trabajo y esfuerzo, pagando toda clase de impuestos en su momento. ¿Por qué razón tienen los hijos que pagar otra vez? ¿No tiene suficiente el Gobierno con todos los impuestos que han elaborado, que también quieren cobrar los mismos varias veces? Estos impuestos deberían y deben de ser abolidos de una vez por todas para el bien común.

Todas las cosas tienen su lógica, pero ésta bajo ningún concepto. El Estado quiere sacar impuestos hasta debajo de las piedras, y esto no es justo. Los ciudadanos estamos ya artos que se nos cobre por todo, ya que de seguir así, llegará el día que nos cobren por "respirar y salir a pasear". "El Real State en España no es solamente una vergüenza sino también una pesadilla fiscal". Creo que estos gobernantes deberían hacer mejoras para los ciudadanos y menos impuestos de tipo "robo".

No es de extrañar que busquen la manera de hacer más caja, ya que de tanta corrupción que asola en el país por culpa de ciertos sujetos que dejan las arcas vacías del Estado, quieran seguir cobrando cada vez más para que estos delincuentes sigan apropiándose de lo que no es suyo. Pienso que los políticos que están en el Gobierno, han sido votados por el pueblo, no solamente para solucionar los problemas de España, sino también para que todos los ciudadanos tengan una vida más fácil y holgada económicamente.

******

El nuevo impuesto para premios de lotería:

Un impuesto más que nos han metido en la portería con la novedad fiscal que entró en vigor en 2013. Es el **impuesto del 20% sobre los premios de lotería**. Todos los premios mayores de 2.500 euros estarán sujetos al pago de dicho impuesto, siempre y cuando se hayan ganado en juegos y sorteos organizados por Loterías y Apuestas del Estado (LAE), la Organización Nacional de Ciegos Españoles (ONCE) o la Cruz Roja.

Hasta el 31.12.2012, cuando se ganaba un premio, no se tributaba por el premio ganado, ya que solo se pagaba impuestos por los beneficios que le reportaba este dinero a lo largo del tiempo, pero a partir del 01.01.2013, con la nueva disposición del Gobierno, hay que pagar ese 20% a partir de los 2.500 euros.

Como vemos, tenemos otro caso más de corrupción el cual suma y sigue, ya que no contentos con la recaudación que venían obteniendo del 55% fijo aproximadamente, ahora nos meten este otro pelotazo del 20%. Esto es un robo más a mano armada. Lo mejor que tendrían que hacer los ciudadanos era no jugar, o sea, hacer un “boicot” durante algún tiempo, para de esta manera hacer pensar a estos sujetos, que les puede salir “el tiro por la culata” como se suele decir. ¡Qué deplorable! Y ¡Cuánto pirata corrupto! Esto es lo que hay en España señores lectores, corrupción por los cuatro costados de nuestra geografía. Sujetos delincuentes, maleantes, indeseables y mangantes que solo quieren vivir del cuento a costa de todos estos robos que nos están haciendo. Así estamos y seguiremos si no viene alguien con agallas y quite a toda esta podredumbre, la cual está llenando al país de esta enfermedad corrupta.

******

La trama de los ERE en Andalucía:

El caso ERE (Expediente de Regulación de Empleo) en Andalucía, también llamado escándalo de los ERE de Andalucía o ERE escándalo, conocido también como ERE gate o Caso del fondo de reptiles, es una presunta red de corrupción política vinculada a la Junta de Andalucía, en la cual gobierna el PSOE desde el año1980. Esta trama ha sido una de las más sonadas en los últimos años en nuestro país, se podría decir, que es la gota que ha colmado el vaso, o mejor dicho, sigue derramándose fuera del mismo.

Algunos de los fraudes corruptos en Andalucía: Los Casos Mercasevilla, Falsos prejubilados, Ayudas fraudulentas a empresas, etc. También fueron implicados algunos personajes públicos, como la petición de imputación de los dos ex presidentes del PSOE de la Junta de Andalucía el Sr. Manuel Chaves González en los años 1990-2009, y el segundo, José Antonio Griñán Martínez en los años 23.04.2009-07.09.2013. La ex consejera andaluza de Economía y Hacienda de la Junta de Andalucía Magdalena Álvarez Arza (M.A.A.), que ejerció su cargo el 02.08.1994 al 07.02.2004 y ex ministra de Fomento el 28.04.2004 al 07.04.2009, imputada el 02.07.2013 por la juez Mercedes Alaya (M.C.A.R.), junto a otros 20 ex-altos cargos de la Junta por diversos cargos, sobre todo por la desviación de fondos públicos para cursos de formación donde se habla de una estafa cercana a los 2.000 millones de euros por la presunta gestión fraudulenta de ese dinero público, calificando este paso como uno de los más importantes tras más de 4 años de fructuosa investigación. Desde junio del 2010 al 25.06.2014, fue Vicepresidenta del Banco Europeo de Inversiones BEI (institución de la Unión Europea dedicada a invertir en infraestructuras y proyectos). Como nota diré, que me dan náuseas nombrar sus nombres completos.

La vicepresidenta del Banco Europeo de Inversiones (BEI) de 62 años de edad, anunció el pasado año 25.06.2014 que presentaba su dimisión de la entidad alegando "**presiones del Gobierno**" para que se vaya y poner a otra persona en su lugar. "*Mi dimisión nada tiene que ver con la situación de imputada, sino porque todo tiene un límite y la maniobra de acoso del Gobierno y del PP está haciendo mella en mí, en el Banco y en España*", dijo en declaraciones a la cadena Ser.

La vicepresidenta del BEI ha defendido su inocencia y ha recordado que cuando fue imputada provisionalmente, el ministro en funciones habló con ella para darle su apoyo: "*Me dijo que no me preocupase y que siguiese trabajando*". También ha recordado que el presidente del Gobierno dijo públicamente "*que una persona no tenía por qué dimitir por estar imputada*", *y si he tomado la decisión de dimitir pese a que muchas personas en el BEI y en el PSOE me han pedido que no lo haga, es porque me gusta luchar por lo que es justo, pero todo tiene un límite.*

La que fuera Vicepresidenta del Banco Europeo de Inversiones Magdalena Álvarez Arza, aseguraba que el BEI no le había pedido en ningún momento que dimitiera, "*desde el primer día me han apoyado*" aludió, y consideró que su dimisión fue necesaria para evitar "*el ridículo de España*" en la votación que iba a tener el próximo día 22.07.2014, cuando todos los Estados miembros de la UE iban a votar si la representante española debía salir del Consejo del banco.

"*Espero que el PP guarde mi sitio para mí cuando se declare mi inocencia*", dijo en una entrevista con la SER. Esta señora puso como ejemplo el caso de la francesa, directora gerente del FMI (Fondo Monetario Internacional), la cual también estuvo siendo investigada por la justicia de ese país. Y yo me pregunto ¿Cómo puede ser posible que tanto esta señora, como el presidente del Gobierno, el ministro, muchas personas del BEI y del partido PSOE hayan dicho, que por estar imputada, no tiene el por qué de dimitir?

La única respuesta que se me viene a la cabeza es, que tal como están y han estado siempre las cosas dirigidas en España, no es de extrañar que así funcione todo en este país, mal y equivocadamente. Es vergonzoso tener que escuchar tal respuesta por todos estos mandatarios de "traje y corbata", cuando en otros países a la más mínima que hace algún político, o dimite de su cargo por voluntad propia, o lo echan, como debe de ser.

A mi juicio, esta persona tendría que haber dimitido desde el primer momento que quedó imputada; en primer lugar, para no hacer el ridículo de cara al exterior; en segundo, para probar su inocencia; y en tercer lugar, para hacer ver al mundo que en España hay seriedad, transparencia y democracia como hay en otros países, pero no lo hizo cuando la imputaron presuntamente por los delitos de prevaricación y malversación de fondos, ya que se agarraba como una lapa al chollo que tenía, pero no le valió de nada, ha tenido que dejar su puesto, de lo contrario, la habrían dimitido automáticamente todos los países comunitarios el día de la votación y hubiera sido una verdadera vergüenza.

Según informaciones de la prensa, esta Sra. ganaba más al mes que muchos mandatarios de otros países. Nada más ni nada menos que 300.000 € anuales, entre dietas por alojamiento que equivalen al 15% de su sueldo, y 991 euros al mes como gastos de representación, en total unos 50 millones de las antiguas pesetas, amén del sueldo que estará cobrando por haber sido ministra anteriormente, entre otros. Son espeluznantes e inmorales estas cantidades que está cobrando dicho personaje en tiempos de crisis ¡Así tiene los pisos, casas, garajes, entre otros que tiene!

Esta "señora" al haber dimitido "voluntariamente", ya que si no lo hubiere hecho no cobraría el sueldo íntegro de 10.000 euros mensuales que le queda por haber trabajado en esa institución, pues el BEI tenía preparado para una semana más tarde retirarla como vicepresidenta por el escándalo de los ERE. Normalmente no tendrían que haberla avisado de que la iban a retirar, ya que de esta manera no cobraría absolutamente nada de sueldo de la entidad donde trabajaba, pero "**los lobos se ayudan entre sí**". Según informaciones de los medios, esta señora cobrará a partir de su dimisión 10.000 euros mensuales hasta su jubilación, y una vez terminado ese tiempo, le quedará una renta vitalicia de 4.000 euros mensuales. Con esto, este personaje tiene las espaldas bien cubiertas, o sea un retiro dorado.

Todos estos casos fraudulentos de los ERE son desde hace más de 4 años llevados judicialmente por la Juez Mercedes Alaya (M.C.A.R.), titular del Juzgado de Instrucción número 6 de Sevilla, la cual obvió el artículo 71 de la Constitución Española, el artículo 57 de la Ley Orgánica del Poder Judicial y los artículos 196 y 750 de la Ley de Enjuiciamiento Criminal para pre imputar a los ex presidentes de la Junta de Andalucía en la época de sus funciones como tales en el caso de los ERE. Con las 34 nuevas imputaciones que la juez Alaya ha hecho en el mes de febrero de 2015, se acumula hasta dicha fecha un total de 265 imputados. No se descarta que salgan muchos más de este "nido de reptiles".

Según fuentes de la prensa, la juez Alaya se estuvo planteando abandonar la magistratura por el cansancio que supone pelear con todos estos corruptos, sobre todo por las presiones que ejercen los fiscales y abogados sobre ella, los cuales no están de acuerdo, porque consideran "un abuso de poder excesivo" el que está empleando esta juez. Seguramente abandonará cuando haya terminado el proceso de los ERE, el mayor escándalo de corrupción en Andalucía.

Como podemos apreciar, hasta los mismos jueces y abogados de diversas formaciones políticas ponen freno a "personajes que defienden la verdadera Justicia", estando algunos en contra de quien quiere acabar con toda la corrupción. La envidia y la codicia les hace ir en contra de sus propios colegas, por el mero hecho de no haber sido ellos los que tomaron la iniciativa de hacer lo que ésta juez está haciendo en contra de la corruptela existente, o más bien porque no quieren enjuiciar a ciertos amigos, pues otra explicación no encuentro.

El 23.06.2014 el Presidente del Congreso recordó que el **cauce adecuado** para trasladar cualquier asunto judicial que afecte a diputados y senadores es el "Tribunal Supremo", en el cual se **manifiesta en el**

artículo 71 de la Carta Magna. Así lo aseguró en la Cámara Baja después de que la Mesa del Congreso hubo ratificado la decisión que él mismo adoptó ese mismo lunes de devolver a Alaya, sin abrirlo, el sobre que unos agentes "de paisano, pero armados", entregaron en el Palacio de la Carrera de San Jerónimo, según la prensa.

Creo que lo que ha hecho el Presidente del Congreso de devolver a la juez el sobre sin abrirlo, con todos mis respetos, a esto lo llamo yo, **obstrucción a la justicia**. Posiblemente lo único que quería la Sra. juez Alaya era que hicieran llegar los sobres a sus destinatarios, ya que estos sujetos no estaban localizables en sus domicilios.

Con todo esto explicado sobre el caso de los ERE, vemos que tanto los diputados, como los senadores, presidentes... tienen otra vía de escape a la hora de enjuiciarles, pues si es así, "para este viaje no hacían falta las alforjas". Con esto se comprueba una vez más que "el quien hizo la Ley, hizo la trampa", naturalmente solo para ellos, para los corruptos.

Yo aconsejaría a la Sra. juez Alaya, que se arme de valor y aguante, que arremeta y acabe con toda esta basura podre de corrupción existente en nuestro país, la cual ya no se puede soportar el hedor que despide la misma, pues se está propagando por casi toda la geografía española. Aquí no se trata de ser de derechas ni de izquierdas, o de otra formación política, sino de ser honrados y transparentes a la hora de hacer justicia a todos estos maleantes, para el bien de nuestra nación y de la democracia.

Estas personas corruptas tendrían que dimitir de sus cargos, y si no lo hacen, echarlas de sus funciones para avergonzarlas, pero aquí en España les da igual (nadie dimite). Y no sólo deberían ir a la cárcel, sino que tendrían que devolver todo lo robado de las Arcas del Estado, pagar las multas impuestas, y no dejarlos trabajar más dentro de las formaciones políticas para la nación, pero no, pagan la multa y quedan absueltos para seguir actuando a su libre voluntad.

La "kryptonita" de nuestra situación en España, se la debemos a gran parte de estos delincuentes y sinvergüenzas corruptos, de tantos políticos, banqueros y otros, que se han hecho la ley a su medida, para ellos mismos, sin que el ciudadano tenga opción alguna de defenderse ante estas atrocidades de corrupción y terror que asolan nuestro entorno.

Tampoco hay que olvidar la injusticia que se hizo sobre el caso del juez Baltasar Garzón Real (B.G.R.), el cual fue imputado en tres causas por el Tribunal Supremo y suspendido de sus funciones como juez de la Audiencia Nacional por el Consejo General del Poder Judicial el 14.05.2010 por presunta prevaricación, por la decisión de declararse competente para investigar los **crímenes de la represión franquista** desde su juzgado de la Audiencia Nacional.

La causa primera, el 09.02.2012 por las escuchas ilegales a los abogados de la defensa durante la investigación del **caso Gürtel** con la pena de "11 años de inhabilitación como juez o magistrado y perdida del cargo que ostentaba"; en la segunda, fue absuelto del delito de prevaricación del que se le acusaba por haber decidido incoar un proceso penal para investigar los crímenes del franquismo durante la guerra civil y la posguerra; y la tercera, por los delitos de **cohecho** impropio y **extorsión** por la solicitud de patrocinios para dar unos cursos en la **Universidad de Nueva York** a Banco de Santander, BBVA, Telefónica y CEPSA (que tenían en común haber sido objeto de investigaciones en la Audiencia Nacional por hechos imputados a sus directivos), siendo archivada por el instructor al no apreciar indicios de extorsión y considerar que, en todo caso, el cohecho impropio había prescrito.

Todos sabemos de antemano que este Sr. fue un juez casi modelo en toda su trayectoria como tal, con sus faltas como todo ser humano, pero una persona fiel y defensora de la Justicia, ya que durante la misma, dirigió importantes operaciones contra el narcotráfico, especialmente en Galicia con la operación "Nécora" (1990); la operación "pitón" (1991); el caso "GAL" (Grupos Antiterroristas de Liberación), la llamada "guerra sucia" contra el terrorismo; investigaciones a ETA y su entorno; casos relevantes internacionalmente, como la causa contra el ex dictador chileno Augusto Pinochet por la muerte y tortura de ciudadanos españoles durante su mandato, y por crímenes contra la humanidad y las dictaduras en Chile y Argentina, en esta última la desaparición de ciudadanos españoles durante la dictadura argentina de 1976-1983; el reiterado deseo de investigar también al ex secretario de Estado estadounidense Henry Kissinger en relación con la instauración de las dictaduras de la década de 1970 en América Latina en lo que se llamó **Operación Cóndor**; solicitud al Consejo de Europa para desaforar al entonces primer ministro italiano Silvio Berlusconi, miembro de la asamblea parlamentaria del Consejo; la investigación de las cuentas en el extranjero del segundo banco más grande de España, el BBVA, por supuestos delitos de lavado de dinero; entre otras muchas causas, tanto nacional como internacional.

Pero la gota que colmó el vaso fue cuando el 26.05.2009, el Tribunal Supremo admitió a trámite una querella contra Baltasar Garzón por prevaricación al declararse competente en la investigación de los crímenes de la Guerra Civil y el franquismo, presentada como acusación popular por la organización **Manos Limpias** y por **Falange Española de las JONS**.

¿Les dice algo estas dos organizaciones las cuales acusan al juez por investigar los crímenes de la dictadura franquista durante la guerra civil española? ¿No es esto un atropello y una vergüenza a nivel mundial, que hayan imputado a alguien tan transparente, el cual ha luchado por y para la ley durante todo su mandato? ¿Qué clase de ley verdaderamente quieren algunos individuos los cuales están presionando y frenando a los que realmente quieren y defienden la transparencia y la ley sin igual? ¿No será la envidia de algunos colegas y políticos los que no admiten que haya alguien que quiere la verdadera transparencia? ¿O es que tienen miedo a que se destapen ciertas brutalidades y otras cosas de la guerra civil por parte de algunos nacionalistas fascistas que siguen siendo acérrimos a la dictadura franquista? De otra manera no se entiende estas presiones que hubo sobre la persona que realmente quiere destapar lo que celosamente está escondido, o es que estamos aun en la represión fascista.

Naturalmente que dicha acción en contra de este juez no se hizo esperar, ya que miles de personas en toda España se echaron a las calles el 24.04.2010 para denunciar la impunidad del franquismo y apoyar al juez Baltasar Garzón a través de concentraciones y manifestaciones convocadas por plataformas de reconocimiento a la Memoria Histórica.

El acto más multitudinario fue el de Madrid, ya que dicha asistencia superó con creces las perspectivas de los organizadores, pues la misma se cifró aproximadamente en 100.000 personas las que asistieron a este acto, amén de otras ciudades españolas de no menor importancia.

Según la prensa, las reacciones fueron en la mayoría unánimes, no solo de partidos políticos de izquierdas, sino también internacionalmente, sobre todo la de la organización **Human Rights Watch** (HRW) líderes en el mundo dedicada a la investigación, defensa y promoción de los derechos humanos, la cual lamentó la suspensión cautelar del juez Baltasar Garzón a través del siguiente comunicado:

> Ahora, la justicia misma se ha convertido en una víctima en España. El juez Garzón ha luchado por hacer justicia para las víctimas de graves atrocidades cometidas en el extranjero y ahora está siendo castigado por intentar hacer lo mismo en su propio país... Los verdaderos crímenes aquí son las desapariciones forzadas y los asesinatos, no el intento del juez Garzón de investigarlos.

El presidente de la Asociación Nacional para la Recuperación de la Memoria Histórica aseguró que la suspensión "motivo de mucha tristeza", en especial por el "ensañamiento" del magistrado Luciano Varela, fue a su juicio totalmente nefasta. La Federación Estatal de Foros por la Memoria calificó la suspensión como el resultado del "bajo perfil democrático del Estado español, demostrando con esto, que cualquiera que hable, se meta o investigue el franquismo será perseguido".

José Antonio Martín Pallín, magistrado del Tribunal Supremo, declaró que estaba muy triste y muy preocupado por el crédito democrático de España:

> La suspensión de Garzón es la crónica de una ignominia anunciada. El juicio oral a Garzón va a ser un espectáculo internacional bochornoso. Lo más clamoroso

de este proceso ha sido el absoluto desprecio a los dictámenes del Ministerio Fiscal y el cerrarse de una forma tan irracional al derecho internacional que rige en España.

Por su parte, Carlos Jiménez Villarejo, ex fiscal Anticorrupción señaló:

> Este es un golpe similar al del 23-F. 35 años después de la muerte del dictador, la extrema derecha ha conquistado una victoria que ha sido posible por un Tribunal Supremo sensible a esa persecución y un Consejo General del Poder Judicial cómplice.

En los medios de comunicación más destacados de Estados Unidos y Europa que trataron la noticia, *The New York Times*, bajo el título del editorial, "Una injusticia en España". El británico *The Guardian* calificaba la separación de la judicatura como una "persecución por motivos políticos". El también británico, *The Times* señalaba a Garzón como "el juez de las cruzadas" y el diario francés *Le Figaro* lo calificaba de "superjuez".

Tiempo después *la fundación José Saramago* propondría a Baltasar Garzón para Premio Nobel de la Paz, "por estar involucrado en la defensa de los derechos humanos y por no haber bajado la cabeza ante ninguna artimaña, ni ningún poder, por haber seguido adelante y por haberse puesto en cualquier continente y país de parte de las víctimas".

El 7 de julio de 2011 Baltasar Garzón es elegido miembro del Comité Europeo para la Prevención de la Tortura y los Tratos Inhumanos o Degradantes.

El 18.05.2012 la asociación Magistrados Europeos para la Democracia y las Libertades (MEDEL), en representación de unos 15.000 jueces y fiscales de once países de la Unión Europea, presentó en el Ministerio de Justicia una petición de indulto para que se devolviera a Baltasar Garzón la condición de juez que perdió tras ser inhabilitado por el Tribunal Supremo en febrero de 2012 por ordenar las escuchas del "caso Gürtel". En el escrito presentado al ministro de Justicia en funciones, del gobierno del Partido Popular, presidido por el actual presidente, se considera la pena de 11 años de inhabilitación de una "severidad desproporcionada, indiscriminada y extraordinaria". La petición fue firmada por el presidente de MEDEL, el portugués Antonio Cluny, quien en unas declaraciones al diario El País afirmó:

> El caso Garzón puede crear precedentes en toda la comunidad jurídica internacional... porque afecta a la libertad de interpretación jurídica del juez... Creemos que la importancia de esta sentencia contra Garzón, radica en que quizá podría ser utilizada en los distintos países que están intentando construir un sistema democrático de justicia para frenar la independencia y autonomía del juez.

Creo conveniente nombrar los libros que escribió Baltasar Garzón:

- En el 2002 sale su primer libro, *Cuento de Navidad: es posible un mundo diferente*.
- En febrero de 2005 publica su segundo libro, *Un mundo sin miedo*.
- En febrero de 2006 edita el tercero, *La lucha contra el terrorismo y sus límites*.
- En 2007 revela, *El alma de los verdugos*, sobre los crímenes de la dictadura argentina.
- En el 2008 presenta, *La línea del horizonte*.
- En el 2011 difunde, *La fuerza de la razón*.
- El 2015 ve la luz su última obra, *El fango*.

La verdad es que en nuestro país a través de estas confusas paralelas de diferente actuación por parte de los letrados del Tribunal Supremo, lo único que hacen es crear una confusión y malestar incesante dentro de nuestro entorno nacional, y vergonzosamente peor aún de cara al exterior. España no puede permitirse esta clase de desaciertos constantes que se vienen repitiendo desde hace años por culpa de ciertos sujetos que emplean la ley a su libre albedrío. Los políticos, los mandatarios y jueces, deben de hacer que se cumpla y se respete la ley, acatando ésta para todos por igual sin excepción de ninguna clase, y dejar de lado el odio, la envidia y las rencillas que se tengan entre algunos de ellos.

Creo que es de máximo interés el artículo del diario *El Mundo* de 15.10.2014 en relación a Baltasar Garzón. El artículo cuenta cómo es ya conocido que Garzón además de su puesto de trabajo en una institución pública en Argentina desde 2012 como asesor en la comisión parlamentaria de los Derechos Humanos del Congreso de los Diputados. Además, Cristina Fernández de Kirchner lo nombró coordinador en asesoramiento internacional en derechos Humanos con el fin de promover la justicia universal y el salario es equitativo al de subsecretario de Estado.

Por este puesto Garzón cobra 6.343,00 euros aunque él afirma que son 4.211,00 euros.

En la noticia se puede leer:

El matutino resaltó que la colocación de Garzón en la plantilla estatal de Argentina se produjo pese a que ha sido "condenado judicialmente en España" a 11 años de inhabilitación como juez y 2.500 euros de multa, con "sentencia definitiva del ***Tribunal Supremo****".*

Esa aparente contradicción, según dijo el constitucionalista ***Daniel Sabsay*** *al diario, infringe el* ***artículo 16 de la Constitución argentina****, así como el requisito de idoneidad exigido por la* ***ley 22.140*** *que regula la función pública*

Garzón, sin embargo, se ha defendido por escrito en el artículo periodístico. "Puedo ocupar cualquier función pública salvo la de juez, temporalmente. Un cargo como el que ostento lo podría desempeñar en cualquier país, también en España". "Sigo siendo juez, cuando concluya la condena me puedo reincorporar en forma inmediata, a la ***Audiencia Nacional*** *española", sostuvo el ex magistrado.*

Garzón tiene una buena reputación en Argentina, ya que en los años 90 del siglo pasado quebró la impunidad entonces reinante en el país, investigaciones en Madrid, la dictadura de la guerra sucia que causó miles de desapariciones que hubo en el país entre 1976 y 1983, invocando la doctrina de la Justicia Universal. Procesó a Adolfo Scilingo, que fue un ex represor de la Armada quien confesó haber tirado al mar a 30 presos políticos y ahora cumple condena. Extraditó a Miguel Cavallo, también en cadena perpetua.

Así, Cristina Fernández, en 2012 inició las sesiones de la Asamblea Legislativa saludando a Garzón y elogiándolo y reconociendo la defensa por los derechos humanos que este había llevado en su trayectoria. El resto de ministros y público hicieron una ovación al ex juez que fue expulsado de España por dar orden de escuchas entre las conversaciones de los acusados del caso Gürtel y sus abogados.

Argentina además incluyó un *"hábeas corpus"* ante el Tribunal Europeo de Derechos Humanos a favor del juez para impugnar el juicio de Garzón ante el Tribunal Supremo. El *hábeas corpus* es una institución que nació a principios del siglo XIV en Inglaterra en el reinado de Eduardo I, que exigía que se informara sobre la situación de alguno de los súbditos con la libertad coartada.

Además de esto, en Buenos Aires, algunos organismos a favor de los Derechos Humanos y abogados afines a Garzón iniciaron en el aniversario de la Segunda República (14 de abril) en 2010 una querella penal. El titular de este juzgado número 1, María Servini de Cubría, va impulsando esta causa penal y ha recogido testimonios de las víctimas del franquismo desde la embajada de Argentina en España.

Como podemos apreciar, lo bueno que tenemos en España lo despreciamos, por rencillas, envidias… buscando cada mínima falta sin haberla para hundir totalmente a quienes luchan por la ley con total honestidad y transparencia para el bien de un país, queriendo hacer justicia, como es el caso del ex juez Baltasar Garzón el cual fue sentenciado a la pena de 11 años a no ejercer como juez, siendo expulsado de la carrera judicial en España por haber ordenado escuchas de conversaciones entre los acusados de corrupción en el caso Gürtel y sus abogados.

¿A qué tiene miedo el Gobierno que no deja actuar a los jueces con total libertad, como debe de ser? Lo mismo ha pasado con el fiscal general del Estado Sr. Eduardo Torres-Dulce el cual dimitió de su cargo como tal el 18.12.2014, alegando su dimisión por motivos personales. Su intención es volver a su antiguo puesto de fiscal en el Tribunal Constitucional, según comunicaron por aquel entonces fuentes oficiales de la Fiscalía General del Estado.

Pero presuntamente todos sabemos, que dentro del propio partido PP del "actual Gobierno", hay muchos de los casos que se están dando de corruptela y como tal no les interesa que ningún juez "juzgue" a ciertos personajes corruptos, ya que de ser así se destaparía la "olla" originando una gran explosión la cual traería consigo sin ningún recato, la total dimisión de todo el Gobierno. Y yo pregunto: ¿El actual Gobierno está manchado de corrupción después de todos los casos de corruptela que se han dado hasta la fecha? Pienso que sí. No tiene otro nombre.

Es por esta razón por la cual el fiscal general renunció a su cargo por tener las manos atadas y no poseer el Poder Judicial las plenas libertades para acabar con toda esta gente podrida de corrupción que está plantando en España las enfermedades viciosas y perversas a través de las imposiciones del Gobierno "anárquico" el cual quiere manejar a su libre albedrío el Poder Judicial, sobre todo para tapar aquello negativo y corrupto que ellos hacen. Hay que dejar a los jueces actuar con total albedrío, normalidad y transparencia, ya que para eso están, para que se cumplan las leyes y se haga justicia.

La impunidad fluida del franquismo, pasó por la transición y sigue paseándose hasta la fecha de hoy dentro de "nuestra democracia".

Europa Press comenta en su artículo del 19.12.2014 lo siguiente:

Desde diferentes ámbitos se aceleraron entonces las especulaciones, de las que se viene hablando durante los últimos meses en el seno de la Carrera fiscal y que se atribuyen a la falta de ***sintonía de Torres-Dulce***

con el equipo del ex ministro *de Justicia Alberto Ruiz-Gallardón. El desencuentro viene de lejos, sobre todo desde que se conocieron unos planes del Código Procesal Penal que no cumplían con las expectativas de Torres-Dulce para lograr la instrucción penal por los Fiscales.*

El enfrentamiento cristalizó con las tensiones que precedieron a la interposición de la querella de la Fiscalía contra el presidente de la Generalitat, Artur Mas, y dos miembros de su gobierno por su intervención en el denominado proceso participativo del 9-N.

Así se evidenció durante la última comparecencia de Torres-Dulce en el Congreso el pasado 26 de noviembre de 2014, cuando manifestó que no se le puede decir que sea proclive al Gobierno de Mariano Rajoy y citó como ejemplos que ha sido él quien solicitó la prisión del ex tesorero del PP Luis Bárcenas y que ha mantenido posiciones contrarias al Ministerio del Interior en los casos "Bolinaga" y "Matas".

"*No toleraré nunca que el gobierno me diga lo que tengo que hacer, porque sería un delito*" afirmó, para añadir: "*Si tengo que sostener posición contraria al gobierno la sostengo*".

Como hemos podido observar en estas declaraciones del fiscal general del Estado Sr. Eduardo Torres-Dulce, vemos que hasta los políticos quieren mangonear en el Poder Judicial. Es por esta razón por la cual este fiscal no quiso entrar en la delincuencia de hacer lo que "otros" quieren, ya que si lo hiciere, tal y como él dijo, "sería un delito".

Una vez más quiero reiterar, que las penas a través de la Justicia las imponen los jueces y no las conveniencias de algunos políticos y otros personajes para su propio bien, que quieren hacer de los magistrados unas marionetas al servicio de intereses partidistas del gobierno de turno. Pero hay algo que faltó por decir en esta dimisión, o sea, denunciar las razones espurias de la renuncia, y no alegar motivos personales, si estos no se han dado. A mi parecer, faltó la total renuncia por parte del juez Eduardo Torres-Dulce, no solo como fiscal general del Estado, el cual así lo hizo, sino también como juez, y no quedarse tal y como él comentó de volver a su antiguo puesto como fiscal en el Tribunal Constitucional. Si hubiera renunciado a todo, habría sido un gran revés frente al Gobierno en funciones, para hacerles ver de una vez por todas, que en lo referente a la justicia, son solamente los jueces a decidir sobre las penas que hagan sin distinciones de ninguna clase, ya que la justicia está para todos por un igual.

De todas la maneras creo conveniente decir al respecto, que su decisión de dimisión ha sido ejemplar y digna de tener en cuenta, no solo frente a los políticos del Gobierno ni del propio presidente, sino también frente a los ciudadanos y al exterior de España, para hacer ver a todo el mundo, que él como fiscal general del Estado no estaba dispuesto a ser "manejado" por nadie a la hora de dictar las sentencias, ni de favoritismos a nadie como ellos querían. Con esta renuncia por parte del que fuera fiscal general del Estado Sr. Eduardo Torres-Dulce, vemos en esta acción por su parte, que aún quedan personas totalmente demócratas, correctas y transparentes, sin dejarse "vender" al mejor postor, pues pienso que en un país democrático esto no se puede tolerar. En todas las naciones existe el favoritismo, pero es que en Europa la madre de ésta es España, ya que en nuestro país se está muy acostumbrado al mismo, dicho de otra forma metafóricamente, "yo te robo y tú me robas y tan amigos" "tú me ayudas y yo te ayudo y tan amigos".

Pero volviendo a los jueces, creo que no todos son unos corderitos, ya que pienso, que para que los ciudadanos respeten las leyes, quien tiene que dar ejemplo prioritariamente son los magistrados, pues aparte de algunos casos que se dieron negativamente hacia ellos, vemos que el dinero como siempre corrompe a todo ser viviente, y digo esto, porque en el diario de *El País* del jueves día 26.02.2015 venía el siguiente artículo:

El Gobierno madrileño pagó 27.000 € a jueces por cuatro reuniones.

- *Tres jueces y seis secretarios forman un comité para la digitalización de la justicia.*
- *Por este trabajo cobraron en 2014 dietas extra por importe de 3.000 € cada uno.*
- *El jefe de los jueces de Madrid defiende los pagos de la Comunidad.*

El país adelantó este lunes que una treintena de juristas (entre ellos el jefe de los jueces de la Comunidad de Madrid, Francisco José Vieira, y al menos otros ocho magistrados más, aparte de secretarios, fiscales y funcionarios) han cobrado desde 2011 y hasta la fecha más de 200.000 euros en primas que la Consejería de Justicia paga a través de la firma Indra (una empresa privada). Los pagos son por participar en las comisiones formadas en las distintas jurisdicciones (Social, Contenciosa, Civil etcétera) para a orientar a los técnicos de Indra sobre cómo han de construir los programas digitales de los juzgados.

Los jueces, alegando que realizaban el trabajo fuera de su jornada laboral y que el cometido es ajeno a la función judicial, exigieron cobrar. La Comunidad de Madrid acudió a Indra como adjudicataria (en concurso abierto) de las distintas fases del proyecto para que se hiciera ella cargo del pago de las primas.

El promotor disciplinario del Consejo del Poder Judicial abrió el lunes una investigación para aclarar estos pagos, ya que los jueces tienen restringido por ley recibir retribuciones de empresas privadas. El martes citó a declarar al jefe de los jueces de Madrid, Francisco Vieira, uno de los jueces que han percibido estos pagos. Vieira reconoció que no pidió permiso al Consejo para realizar estos trabajos remunerados.

El proyecto digital de los juzgados consta de tres fases. Solo por la segunda fase, la treintena de participantes cobró de Indra un total de 93.000 euros.

Tanto Indra como la Comunidad se han remitido al pliego de adjudicación de las distintas fases (en concurso abierto) para explicar por qué los jueces están percibiendo primas. Coinciden en que ahí se establecen los pagos, puesto que el pliego obliga "al cliente o usuario" (Justicia) a "revisar y validar" las nuevas herramientas. En ningún punto de los pliegos se especifica que Indra esté obligada a pagar a los jueces.

Como ven, casi todos van a lo mismo, al poder y sobre todo al dinero. Pienso que también habría que cambiar a muchos de estos señores/as jueces, sobre todo cuando caen en faltas que a mi entender son bastante graves, pues no se pueden tolerar las mismas, ya que estamos hablando de jueces, magistrados y otros del Ministerio de Justicia de la nación, los cuales deberían dar ejemplaridad a todos los españoles. A mi juicio estos señores tienen más que bastante de trabajo en su cometido, y no que se dediquen a otras cuestiones que no sean las suyas, para eso están los técnicos de dicha consultoría. ¡Cómo no nos van a decir que se necesitan más jueces para dar salida a todos los sumarios que están estancados y pendientes de ser cuestionados por la cantidad de ellos existentes! Aunque vemos que para ganar dinero de una manera tan fácil, sí que tienen tiempo.

Indra S.A. es una empresa multinacional española fundada en el año 1993 con sede en *Avenida de Bruselas 35, 28108, Alcobendas, Madrid (España)*, la cual ofrece servicios de consultoría sobre transporte, defensa, energía, telecomunicaciones, servicios financieros; así como servicios al sector público. Indra pertenece al índice selectivo español *IBEX 35* desde el 01.07.1999. Según fuentes mediáticas, en el año 2012 contaba con aproximadamente 42.000 empleados, oficinas en 45 países y clientes en 128. Sus ventas llegaron en ese año a 3.000 millones de euros, de los cuales el 60% corresponde al mercado internacional.

******

El caso Nóos:

Operación Babel, es un caso de presunta corrupción política que comienza en 2010, siendo éste "la gota que ha colmado el vaso", el cual ha sacudido a la monarquía española, llegando a su culmen con la imputación y la declaración de la infanta Cristina en el 2014.

El Instituto Nóos, **literalmente Instituto de la Mente**, del cual era presidente Iñaki Urdangarin, duque consorte de Palma de Mallorca, y su ex socio Diego Torres, el que fuera vicepresidente de la misma entidad, se les imputaron cargos por la Fiscalía Anticorrupción por malversación, fraude, prevaricación, falsedad y blanqueo de capitales.

Las actividades delictivas fueron realizadas a partir de la fundación **sin ánimo de lucro** que dirigían a través de ésta, así como de una red societaria de empresas asociadas a Nóos. ¿Tenía este sujeto necesidad de amasar millones de euros corruptamente, siendo el marido de la Infanta Cristina de Borbón? Naturalmente que no, pero como siempre, el dinero es muy goloso y contra más se tiene, más se quiere.

La casa real ya no tiene enmienda, ya que después de una fuerte crisis de popularidad de la monarquía a través de los medios y de la prensa internacional, primero, por el divorcio de la Infanta Elena con Jaime de Marichalar el 21.01.2010, después, por los casos de corrupción de su yerno Iñaki Urdangarín, y otro, por el comportamiento del que fuera rey, "cazando elefantes", y al que le han brincado escándalos de amantes durante todo su reinado entre infidelidades y crisis. Por todo esto, vemos como la casa real ha ido perdiendo también la credibilidad ante el pueblo.

Abdicación del rey Juan Carlos I:

El que fuera rey de España Don Juan Carlos I, abdicó como tal el 02.06.2014, transmitiendo la jefatura del Estado a su hijo Felipe príncipe de Asturias. Era de esperar, ya que después de todos los escándalos que se vinieron sucediendo en la Casa Real, la mejor opción fue la abdicación del rey, de lo contrario hubiera supuesto con toda seguridad la anulación monárquica en España, más bien a través de un referéndum, o en el peor de los casos, la supresión de la monarquía a través de algunos partidos políticos y del pueblo.

A partir de ese momento, muchos de los españoles comenzaron a preguntarse: ¿Monarquía o República? Sobre todo algunos partidos políticos de izquierda, ya que vieron la oportunidad de cambiar el sistema con la renuncia del rey.

El 2 de junio del 2014 hubo convocadas algunas concentraciones en varias ciudades de España a favor de la República. Según una encuesta publicada a principios del mismo año por el diario español *El Mundo*, el 49,9% de los españoles apoya la monarquía como modelo de Estado para España (5 puntos menos que un año antes) frente al 43,3% que se decanta por una República.

Una minoría de grupos de izquierda españoles abogaron ese mismo día por un referéndum sobre la monarquía, tras el anuncio de la abdicación del rey Juan Carlos I. La ley fue aprobada con mayoría aplastante por los senadores españoles, 233 votos a favor, 5 en contra y 20 abstenciones, lo que supuso un apoyo del 90,3 por ciento de los senadores presentes, autorizando la abdicación de Juan Carlos I, dejando vía libre para la proclamación de su hijo.

Creo a mi juicio, que cuando el monarca hizo la renuncia de la corona, sirviera para que se consultara a la ciudadanía si preferían la monarquía o la República a través de un referéndum, pero el mismo no se hizo, ya que el debate y las votaciones solo se produjeron en las Cortes de los Diputados entre ellos mismos.

Esta actuación trae consigo un punto negativo para la democracia española, ya que el pueblo es el soberano de decidir y escoger lo que más quiera, si es que verdaderamente vivimos en una democracia, pues la misma tiene que ser transparente para todos, pero como hemos visto, seguimos aun en algunos asuntos de máxima importancia en plan dictatorial, o sea, para lo que ellos quieran, sin tener en cuenta la decisión de todos los españoles. ¿Se le llama a esto democracia? Creo que todavía no hemos entrado de lleno en ella, ya que para tenerla, habría que darle al pueblo español la decisión plena de elegir sobre todas las cuestiones importantes de la nación.

Juramento y proclamación del nuevo rey Felipe VI:

El 17.06.2014 fue aprobado la abdicación del rey Juan Carlos I de 76 años por el Senado español, este fue el último trámite parlamentario que dejó la vía libre para la proclamación de Felipe VI como nuevo rey de España, el cual se produjo el jueves día 19.06.2014 a las 10.30 horas de la mañana.

El Congreso, abarrotado. Diputados, senadores, los poderes del Estado, presidentes de las comunidades autónomas, tanto de las esferas "política, cultura y sociedad civil". En el palacio real, unos 2.000 invitados arroparon al nuevo rey Felipe VI con la ausencia de la infanta Cristina, Según fuentes de la casa real.

En las fotografías de la prensa nacional y en TV, vimos al presidente del Congreso de los Diputados Sr. Jesús Posada y al presidente del Gobierno Sr. Mariano Rajoy en la jura de la Constitución y proclamación del monarca Felipe VI ante las Cortes Generales.

******

Economía sumergida:

En España la economía sumergida se sitúa alrededor del 19,2% del Producto Interior Bruto (PIB), según estimaciones por la Universidad Complutense de Madrid (UCM) en mayo del 2014 a través de *Europa Press*. Una cifra que sitúa al país entre las economías sumergidas más altas de la Comunidad Europea, por encima de países como Alemania (13,1%), Francia (10,8%) o Gran Bretaña (10,1%).

Si lo valoramos por provincias, la economía sumergida es mayor en Almería, Zamora, Albacete y Granada, sin olvidar algunas comunidades que llegaron a alcanzar escalofriantes puntuaciones en el mes de enero del mismo año, como lo son Alicante, que lidera el ranking autonómico de economía sumergida en relación a su PIB (27,6%), seguida de Castellón (26,9%) y Valencia (25,7%), tal como se desprende de la información dada por los Técnicos del Ministerio de Hacienda (Gestha) a través de un gráfico.

Combatir el fraude es trabajo del Gobierno a través de inspectores de Hacienda, de acuerdo, pero todos los españoles tenemos que ser conscientes de ser transparentes para pagar nuestros impuestos, ya que si todos contribuyéramos al pago de estos, nuestro país iría mejor encaminado, por ejemplo a la hora de hacer frente a las deudas internas y externas que tiene el país; ayuda social al pueblo en todos los ámbitos; cultural; etc. Todos tenemos que poner nuestro granito de arena si queremos tener toda clase de ayudas por parte del Gobierno, como también permitir la evolución de la nación para el bien de España.

Para tener conciencia sobre este aspecto democrático a la hora de colaborar con nuestros impuestos a Hacienda, deberíamos en cuanto al ámbito educativo, ser necesaria una pedagogía ética. Se trata, básicamente, de un problema de moralidad, el cual hay que abordarlo fundamentalmente desde una perspectiva judicial y educativa. El castigo a la economía sumergida, debe ser ejemplar e inmediato, pero esto aún no ocurre en España.

Podemos citar algunos ejemplos de fraudes, como pueden ser: no pagar el IVA de una factura a cambio de no tener garantía alguna; hacer facturas falsas para obtener desgravaciones y obtener al mismo tiempo de Hacienda la devolución del IVA que nunca se pagó; obreros que trabajan sin estar de alta en la empresa, ya que con esto el empresario se ahorra las cotizaciones sociales, obteniendo al mismo tiempo ingresos que no declara; trabajadores sin darse de alta y cobrando el paro; ocultación de capitales; y un amplio etc. sin olvidar naturalmente lo más importante, el fraude que hacen muchos de nuestros políticos, los cuales una gran mayoría de ellos se esconden hablando de la economía sumergida de este país, cuando en realidad ellos son los primeros culpables de toda la corrupción qué arrastran.

******

Corrupción política y economía:

El 25.04.2013 el diario de *El Mundo*, dio a conocer a través del Consejo General del Poder Judicial, un informe provisional del Servicio de Inspección según el cual los Juzgados y Tribunales tramitan un total de 2.173 procedimientos de especial complejidad, de los cuales 1.661 afectan a tipos penales de corrupción política y económica: prevaricación, cohecho, malversación de caudales públicos, tráfico de influencias, estafas o apropiaciones indebidas, entre otros.

El informe, que no incluye naturalmente las causas especiales que tramita el Tribunal Supremo, no específica cuántos de esos procesos afecta a políticos. Y yo vuelvo a preguntar: ¿Es éste un país democrático cuando alguna información es silenciada? Creo conveniente decir a todos los jueces, que la información es fundamental, siendo esta de primer orden para todos los ciudadanos, sobre todo si se trata de sujetos políticos corruptos, para de esta manera conocerlos bien y tenerlo en cuenta en las próximas elecciones, tanto municipales, autonómicas y generales.

La comunidad autónoma que más causas complejas tramita es Andalucía, con un total de 656, seguida de la Comunidad Valenciana (280), Cataluña (215), Canarias (197), Madrid (181) y Galicia (110). La Audiencia Nacional se encargó de 91 procesos de especial complejidad en esos momentos. También me parece ínfima esta cantidad de delincuentes, creo que hay muchos miles más.

El órgano de gobierno de los jueces estimaba que 798 Juzgados necesitan medidas de refuerzo por la sobrecarga de trabajo que representa la instrucción de causas complejas. A su parecer, serían precisos unos 64 jueces de refuerzo, 18 secretarios judiciales más y un incremento de 150 funcionarios. Al respecto diré que son pocas las tramitaciones que se están haciendo, pues si juntáramos las que están aún saliendo, más las que no se saben, las cuales verán la luz con el tiempo, estaríamos hablando de miles, ya que la corrupción está apareciendo a todos los niveles y estamentos de la vida política, pública y privada del país.

******

Nota y casos de corrupción:

Según *Europa Press* de 01.12.2011, España obtenía una nota de 6,3 puntos en el índice de percepción de la corrupción que le sitúa en el puesto 30 de una lista de 183 países, según el trabajo de **Transparency International**. Este estudio reflejó a través de diferentes parámetros y mediante encuestas públicas, que el mapa mundial de la corrupción es "muy negro" y son necesarias medidas urgentes internacionales para atajar este problema de máxima importancia, el cual está ligado al desarrollo económico según han advertido los miembros de la organización.

Nueva Zelanda obtuvo la primera posición, seguida por Finlandia y Dinamarca. En el último lugar se ubica Somalia y Corea del Norte. Es una vergüenza que estemos mediocremente en el número 30 de la lista. Deberíamos estar al menos entre los 10 primeros del Ranking mundial.

Algunos de los casos más significativos de corrupción que gravan políticamente a España, los cuales muchos de ellos aún no están terminados judicialmente hasta esa fecha, son: *Caso Gürtel* (en Madrid y Valencia); Palma Arena (en Palma de Mallorca); *Caso Nóos* (en Baleares y Comunidad Valenciana); *Caso Palacio de la Música* (en Barcelona); *Caso ITV* (en Cataluña); *Operación Malaya* (en Marbella); *Los ERE* (en Andalucía); *Operación Pokemon* y Operación Campeón (en Galicia); *Caso Cooperación* (en Valencia); y otros muchos más de no menor importancia.

Sabemos de antemano que la mayor responsabilidad en acabar con la corrupción de nuestro país es el del aparato judicial en primer lugar, y de los políticos en segundo, pero ¿Quién juzga a los que nos juzgan? Digo esto porque ha habido algunos jueces que se han saltado a la "torera" la ley. Parece ser que a estos señores no se les puede reprochar nada, ya que son intocables. Pienso que la justicia está para todos por igual y no para defender y cerrar los ojos ante los amigos corruptos.

Estos delincuentes políticos en la mayoría de los casos no van a la cárcel ni devuelven el dinero, ya que las tramitaciones judiciales son tan lentas y llevan tanto tiempo elaborarlas, que cuando se dan cuenta, han pasado varios años y el asunto queda zanjado. O sea, que absuelven a casi todos. Y por otra parte no nos olvidemos que el Poder Judicial está intervenido parcialmente por ellos.

Si devolvieran todo el dinero del que se apropiaron, estoy seguro que se acabaría el paro, habría dinero suficiente para las pensiones, para la Sanidad Pública, para educación, para el futuro… sobre todo si de los más de 450.000 políticos existentes en España se eliminaran a 370.000 de ellos e hiciéramos el cálculo de una media de sueldo mensual de 8.000 € por cabeza, estaríamos hablando de un ahorro mensual de casi 3.000.000 millones de € (tres mil millones de euros), con lo cual el Estado tendría más que suficiente para acabar con bastante lastre que arrastra nuestro país.

Como paradigma quiero apuntar, que teniendo Alemania casi el doble de habitantes (82 millones) que España (47 millones), tengan solo unos100.000 políticos. Como pueden ustedes apreciar, la diferencia es abismal.

******

Poder adquisitivo:

El poder adquisitivo de los españoles sigue menguando, ya que los sueldos suben cinco veces menos que el precio de los alimentos. Los tantos recortes y recargos de impuestos al mercado laboral desde el año 2008, **inicio de la crisis económica en España**, han afectado a las rentas del trabajo, estancando éstas y descendido en términos generales, originando con ello un menguante en los bolsillos de los ciudadanos, descendiendo su poder adquisitivo a partir del mismo año en un 2,3% aproximadamente.

El transporte público como el tren, el metro, autobuses de línea, taxis, etc. han subido considerablemente sus precios, siendo estos más caros y alguno de ellos de peor calidad.

Y no digamos nada de la infraestructura de las carreteras de nuestro país, en el estado tan deprimente que están actualmente, ya que muchas de ellas necesitan con urgencia hacerlas de nuevo. También lo caras que son las autopistas.

Sobre este punto de las autopistas quiero señalar, que cuando se hicieron las mismas, no se tuvo en cuenta de poner paradas de descanso con arboleda, con aparcamientos marcados para los coches, baños, bancos y mesas de madera para sentarse a comer, papeleras, pequeñas fuentes de agua potable para beber, etc. como lo tienen en otros países de la Unión Europea, y no los pocos aparcamientos raquíticos que hicieron sin nada de lo mencionado antes.

¿Qué clase de control hubo por parte de las regiones de España cuando se hicieron las autopistas sin tener en cuenta estas primordiales cosas para el descanso y el bienestar de los viajeros? ¿O es que a caso la constructora quiso hacerlo, pero estos ayuntamientos se quedaron con el dinero?

Habría que pedir cuentas a estos ayuntamientos o más bien al Gobierno para que nos aclarasen estas deficiencias en las autopistas, y al mismo tiempo hacer la petición para que se haga lo que aún falta por completar para el bien común.

Aprovecho la ocasión para hacer constar lo referente al pago de los aparcamientos de los coches en el centro de las ciudades. Es inapropiado que tengamos que pagar por aparcar el auto, ya que si estamos pagando los impuestos anualmente de la **Viñeta** entre otros, creo que es más que suficiente. De todos modos se vería con buenos ojos y de gran ayuda, que al menos a partir de las 14.00 horas de lunes a viernes no se pagara, pero vuelvo a insistir, que lo suyo sería no pagar nada.

******

El paro:

Los ministros y demás políticos del gabinete actual del Gobierno español siguen diciendo que nos va muy bien, ya que ha comenzado a mermar el paro, y para este año y el próximo habrá una estimable mejora y reducción del mismo, pues habrá muchos puestos de trabajo disponibles en el mercado laboral, y un **bla, bla, bla**, muy largo, lleno de mentiras y estupideces.

Que sean coherentes de una vez por todas y digan la verdad al pueblo, y se dejen de improvisaciones y falacias. Naturalmente que estos políticos no van a decir la verdad de la situación, pero yo sí que puedo adelantarles a todos ustedes, que esta crisis va para largo como bien dije en otro apartado. Calculo que saldríamos de la misma para el año 2020, si se cumplen todas las expectativas, pero no desaparecería todo el paro actual, ya que esto dependería sobre todo de inversiones extranjeras, también inversiones internas del país, o sea de empresarios españoles entre otros y naturalmente de la política que haga el Gobierno, sobre todo si dejan de ser corruptos la mayoría de ellos y sean más decentes y solidarios con todos los ciudadanos.

¿Piensan estos señores que van a ser capaces de acabar con los más de seis millones de parados que hay en la actualidad en España? No solamente no lo creo, sino que lo doy por seguro.

Para empezar, habría que mermar los sueldos a los políticos; rebajar drásticamente a estos en cuantía como ya bien dije en otro apartado; y eliminar a muchos de los cargos públicos que no se necesitan para nada, así de esta forma supondría un sustancial ahorro mensual para paliar muchos de los problemas existentes en el país por la crisis que atraviesa el mismo.

Los políticos han perdido tanta credibilidad de todos los ciudadanos, que para que se les creyese de nuevo tendrían que hacer un giro al menos de 180 grados, ser honestos y transparentes para con el pueblo, y no como en estos últimos tiempos, cosechando cada vez más la infección de la corrupción, ya que por lo único que luchan, es por su propio sueldo; subir más peldaños dentro del campo político y llevarse todo lo que puedan para su propio bien sin importarles como les va a los demás.

******

Propuesta:

Pienso que 4 años de legislación política de un Gobierno es demasiado tiempo, si bien tenemos en cuenta que los mismos se necesitan para poner en orden a un país, aunque por otra parte sería mejor elaborar un sistema de control sobre el partido gobernante durante todo ese periodo.

*Este sistema de control podría ser elaborado a través de un comité formado entre todas las Comunidades Autónomas de España, en nuestro caso por 19 personas, (17 Comunidades Autónomas y 2 más de Ceuta y Melilla, estas últimas con un estatuto distinto). Las personas que sean elegidas para el mismo, tendrían que tener todas unas graduaciones altas de las carreras universitarias de abogacía, ciencias políticas y economía. Su cometido sería el de controlar al Gobierno en funciones, haciendo un balance semestralmente de lo que han hecho los políticos dentro del mismo, sin dejar fisura alguna que pueda conllevar a escapes corruptos entre otras cosas. Me permito llamar a este comité como: "**Comité de Orden y Seguridad**" (**COS**).*

Cada una de estas personas del comité también serían votadas por los ciudadanos de cada Comunidad Autónoma de España cada 4 años como en las elecciones generales, teniendo todas ellas plenos poderes para actuar.

Si a algún político perteneciente al Gobierno en funciones se le atribuyera un expediente negativo, el componente del comité que sea de la misma región que el del imputado, este no podrá votar dentro de esta junta a la hora de tomar las decisiones oportunas, para que de esta manera no haya ninguna influencia por ser el imputado de la misma Comunidad Autónoma.

Cuando alguna de las personas de la formación política que gobierne en ese momento, cometa una infracción de grado corrupto u otro de no menor interés, hacerle dimitir de su cargo, al mismo tiempo que recaiga sobre él todo el peso de la ley, apartándola para siempre de la vía política. Y si se tratara del ejecutivo del Gobierno por gobernar malamente, hacerle dimitir de su cargo y dar paso al partido que quedó en segunda posición en las últimas elecciones generales que se hicieron, para que tome las riendas del Gobierno saliente hasta que se termine la legislación vigente. También hacerles dimitir si no cumplieran con lo prometido en las últimas elecciones generales. Todas estas informaciones deberán ser ofrecidas al pueblo a través del Boletín Oficial del Estado (BOE) para que todos los ciudadanos sepan sus nombres y los cargos imputados a esos políticos.

De esta manera tendríamos un control y transparencia total sobre todos los individuos que gobiernan el país. A partir de ese momento, tengo la plena convicción y certeza que se acabarían todas estas enfermedades corruptas que nos asolan y afectan cada vez más, (la ley es el centro de la democracia), y como tal, esto es lo que reclama la sociedad española.

También sería de máximo interés, que en todos los ayuntamientos de cada Comunidad haya un buzón disponible, donde los ciudadanos puedan depositar sus quejas y propuestas, para que estas sean estudiadas por el partido gobernante, y si el clamor de los ciudadanos fuere máxime, entonces debatirlo en las Cortes de los Diputados para dar al pueblo lo que pide. Si así se hiciere, entonces sí que habría transparencia y democracia. (No en todos los ayuntamientos existen estos buzones, ni tampoco se hace mucho caso a las quejas y peticiones de los ciudadanos).

******

Corrupción terrorista:

Siempre hablamos del terrorismo que asoló a nuestro país durante tantos años y que aún no se está seguro si esto ha terminado o más bien habrá más víctimas. Lo que sí está claro, es que el terrorismo no es solo aquel que algunos sujetos criminales e indeseables han hecho y hacen, matando a inocentes por querer conseguir la independencia de su comunidad o aquello que les venga en gana. No, hay otra clase de terror que nos está perjudicando cada día, es el terror de la corrupción que siempre nos está azotando vilmente desde la creación del ser humano.

En nuestro país hay muchos corruptos, gente que no les importa cómo les va a los más necesitados, pues a esto lo llamo yo terrorismo. La fórmula es clara, ya que viene de la ecuación (C=T) **corrupción es igual a terrorismo**. Me hace gracia cuando los corruptos critican y con razón al terrorismo, en este caso a ETA, pero, ¿No se han parado a pensar alguna vez, que ellos también están practicando el terrorismo moderno de una manera brutal y sin miramientos hacia el prójimo?

Pues así es, ya que todo aquel que actúa de manera corrupta, como por ejemplo: evadir capitales hacia paraísos fiscales para no pagar los impuestos; asalariar lo menos posible a sus obreros aprovechándose de la crisis económica actual; engañar a través de los negocios; pagar mucho menos a los extranjeros, perdiendo así de esta manera los españoles su trabajo, ya que al pagarles poco, estos no quieren hacer el trabajo y con razón; etc. y así de esta manera están jugando con los intereses del Estado, o sea, de todos los ciudadanos, y a esto se le llama también terrorismo.

La diferencia está, que en el primer caso hay víctimas, siendo este un terrorismo duro, y en el segundo, es un terrorismo de sufrimiento a largo plazo para las personas que lo están padeciendo día a día, no respetándose sus derechos humanamente, estafándoles constantemente para su propio beneficio, haciéndose los ricos más ricos y quedando los pobres más pobres.

No podemos valorar entre el uno y el otro, ya que nadie quiere que haya víctimas, sobre todo perder a un ser querido, pero el engaño y la manipulación sobre el pueblo también es una forma de terrorismo muy cruel como bien comenté antes, ya que la padecen incesantemente los más débiles. Por este motivo, debemos de acabar con todo este lastre de corrupción terrorífica, que adultera con el mismo los derechos humanos.

******

La codicia:

Como se suele decir, (la codicia rompe el saco) y a través de esta aparece también la envidia, la cual está al día en cada país del mundo, y la misma nunca fue una gran compañera, ya que a través de ella deseamos a nuestros semejantes taimadamente lo peor por no poder propiamente conseguir lo que ellos consiguieron con su esfuerzo. Como bien decía Napoleón Bonaparte "*La envidia es una declaración de inferioridad*".

La envidia es un deseo de destrucción, es odio. Las muertes, las estafas, las violaciones, los engaños, los maltratos, etc. Todo esto nace por la envidia, por ambicionar lo que el otro tiene. Si analizamos la misma, nos daremos cuenta que tenemos dos clases de envidia: la envidia sana y la envidia enferma.

La envidia sana se siente cuando se reconoce que el otro tiene o ha conseguido algo que ellos mismos desean y que aún no han obtenido, pero que harán un esfuerzo para lograrlo. Esta clase de envidia no implica dolor ni frustración.

Sin embargo, la envidia es enfermiza cuando otras personas se enfrentan diariamente a ella, la cual genera una continua pesadumbre, adversidad, fracaso y dolor por no tener lo que el otro tiene o ha conquistado.

Concluyendo, las dos son envidias al fin, siendo la enfermiza la peor de las dos. El filósofo español Miguel de Unamuno decía: "*La envidia es mil veces más terrible que el hambre, porque es hambre espiritual*".

Cuando se hace un acto delictivo, en la mayoría de los casos se necesita a un cómplice, y esto puede traer consigo a largo plazo un grave problema si en un momento dado uno de los dos personajes que comete la fechoría no está de acuerdo en lo acordado, y gracias a estas codicias y envidias, están saliendo a la luz muchos de los casos de corrupción existentes, los cuales han estado tapados durante mucho tiempo.

Unas veces porque algunos se quedaron con más capital de lo convenido, por avaricia; otros por querer tener más y no poder conseguirlo, también por la codicia; otros por no cumplir lo que les habían prometido; etc. etc. llegando con esto al chivatazo, traspasándolo a otras personas por estar frustrados, en una palabra, "metiendo la pata" dicho vulgarmente, hasta que se destapan las felonías corruptas de estos sujetos, sobre todo las que están saliendo a la luz en los últimos tiempos.

******

Aforamiento:

La reforma de la Ley Orgánica del Poder Judicial que se anunció en el mes de abril del 2014 por el Gobierno incluirá en la condición de aforados a la reina y los príncipes de Asturias, como también al Rey Don Juan Carlos I, el cual abdicó en el mes de junio del mismo año, y también a su esposa Doña Sofía. Esto significa, que en caso de ser imputados, el asunto tendría que remitirse al Tribunal Supremo, tal y como ya ocurre con los diputados, senadores y miembros del Gobierno, entre otros cargos del Estado.

Mientras que en muchos países como EE.UU., Alemania entre otros, no existe el aforamiento, menos en Francia, Portugal o Italia, ya que estos tres países lo tienen limitado, pues solo el Presidente de la República está aforado. En España hay unos 10.000 aforados según la prensa, de los cuales, cerca de 7.000 son jueces, magistrados y fiscales, sin contar con otros, como lo son los miembros de las Fuerzas y Cuerpos de Seguridad del Estado, las Fuerzas Armadas... La legislación actual beneficia a más de 200.000 cargos a aforados según la información del diario *El País* del 04.07.2014.

No tienen porqué ser concretamente tribunales especiales los que juzguen a esos cargos políticos o judiciales ¿Por qué razón? ¿Sólo porque sean personas relevantes de la política o de otros estamentos?

El aforamiento constituye un privilegio que vulnera el principio de igualdad del artículo 14 de la Constitución Española, el cual no puede mantenerse por más tiempo.

¿Cómo es posible que dentro de una democracia exista una ley especial que ampara a unos pocos?

Si España quiere estar a nivel europeo o mundial dentro de la democracia como tal que otros países tienen, tendrá que tener total y absoluta transparencia dentro de lo judicial y de todo lo demás, para así de esta forma poder estar a la altura de otros países y alardear de demócratas sin grietas enfermizas y corruptas de índole alguna.

No vale solamente la reducción de aforados que el Gobierno piensa hacer, la Ley tiene que ser para todos por un igual, sin que exista una protección especial, sin miramientos ni distinciones jerárquicas de ninguna clase, sean monárquicos, políticos, militares, ilustres u otros. Tiene que ser abolido cuanto antes este aforamiento, de lo contrario ningún ciudadano de España como tampoco de otros estados del mundo, no verán con buenos ojos ni transparencia democrática dicho sistema, ya que se podría entender como corrupción interna de un país solo para unos cuantos.

Tal y como se recogió en los medios el 29.08.2014, el que fuera presidente de la comunidad de Madrid, señor Ignacio González González, dijo que "aforamiento no es impunidad". A propósito, el ex presidente de dicha comunidad, fue apartado de su cargo por presunta corrupción. Pienso que este señor quiere hacer una traducción a su libre albedrío, o sea "impunidad igual a igualdad", cuando en realidad son apoyos y respaldos, con unos privilegios excepcionales, llegando incluso a los indultos de políticos u otras personas corruptas. Entonces si es así como él dice, ¿Para qué se ha hecho el aforamiento?

Vuelvo a reiterar que hay que acabar de una vez por todas con el régimen de aforamiento. Hay que hacer una limpieza exhaustiva con una regeneración democrática más patente, para la extinción total de toda clase de privilegios de este aforamiento.

******

Tasas judiciales:

Las nuevas tasas judiciales que el Gobierno sacó a la luz en el 2012, son tan maliciosas hechas en contra del ciudadano, que cada vez está más atado de pies y manos, ya que no podrá recurrir a una sentencia aunque crea que la va a ganar, porque para ello necesitaría el salario de un mes para hacer frente al recuso.

La prensa anunció a través del Boletín Oficial del Estado (BOE) el cual anunció la nueva Ley de 20.11.2012, por la que se regulan determinadas tasas en el ámbito de la Administración de Justicia y del Instituto Nacional de Toxicología y Ciencias Forenses, entró en vigor en la fecha mencionada. Las tarifas sufrirán un incremento que va desde los 50 hasta los 750 euros por trámites judiciales en determinados procesos, salvo en la jurisdicción penal. Por primera vez el ciudadano asumirá tasas que antes solo las pagaban personas jurídicas.

La ley fija en lo civil una tasa de 300 euros por un recurso ordinario y 800 por un recurso de apelación y 1.200 por el de casación. En lo contencioso-administrativo el recurso ordinario son 350 euros, mientras en lo social, el recurso de suplicación son 500 euros y el de casación 750 euros.

Quedan exentos de pagar, aquellos a quienes se haya reconocido la asistencia gratuita por carecer de recursos, es decir, los que ingresen 15.975 euros brutos al año o menos.

Por lo que vemos, las nuevas tarifas crean en cierto modo dos niveles de justicia en función de los recursos, ya que para las grandes empresas y las fortunas "no van a suponer ningún problema, pero al ciudadano lo dejan en una situación de desigualdad"

Éstas traen consigo por una parte, una suculenta entrada de ingresos para el Estado, y otra, menos atascos para la justicia, ya que al no poder el ciudadano pagarlo, lo que hace, es no recurrir.

Según los medios, desde enero hasta el 31 de octubre de 2013, el Estado recaudó la no despreciable suma de 256.851.127 euros en esos diez primeros meses del año por el nuevo gravamen, siendo esta cifra superior a los 172 millones de euros que fueron obtenidos en el 2010 con el antiguo sistema, aunque las previsiones del Ejecutivo había cifrado las ganancias en cerca de 300 millones de euros.

Con este nuevo gravamen que es "puramente recaudatorio" obteniendo al mismo tiempo el efecto "disuasorio" en los ciudadanos que no pueden acceder a la tutela de los Tribunales, se ven desamparados totalmente.

Cuando el Ministro de Justicia presentó el anteproyecto, garantizó que el dinero obtenido de las tasas no iría a parar a las arcas del Estado, sino que serían para sufragar la justicia gratuita.

Pero no sólo el PSOE, también FACUA (Federación de Asociaciones de Consumidores y Usuarios de Andalucía), denuncia que esta ley establece "una justicia para ricos y otra para pobres" y cree que el texto vulnera el artículo 24 de la Constitución, es decir, el derecho a la tutela judicial efectiva "sin que en ningún caso se pueda producir indefensión".

Como siempre, vemos que algunos de estos "señores políticos", lo único que hacen para sacar dinero fácilmente, es sacárselo como siempre al ciudadano, exprimiéndole hasta dejarle seco sin contemplación alguna.

De todo lo expuesto en este apartado, pienso que "para este viaje no hacían falta alforjas".

******

La nueva ley de seguridad ciudadana:

La nueva ley aprobada el viernes día 11.07.2014 en consejo de ministros la cual ha entrado en vigor el 01.07.2015, ha traído consigo una serie de multas duras para el ciudadano, las cuales si se produjeran éstas, no podría pagarlas en menos de 10 o más años. Dicha ley establece cuatro tipos de infracciones muy graves, sancionadas con multas de 30.001 a 600.000 euros.

Otra, la ley mordaza, llamada así por la oposición (PSOE), también contempla 26 infracciones graves para las que se establecen multas de 1.001 a 30.000 euros, y 17 leves sancionables con multas de 100 a 1.000 euros.

A continuación se exponen las infracciones que contempla la nueva ley:

Infracciones muy graves (multas de 30.001 a 600.000 euros):

- Reuniones o manifestaciones no comunicadas o prohibidas en lugares que tengan la consideración de infraestructuras críticas como centrales nucleares o aeropuertos así como la intrusión en sus recintos incluyendo su sobrevuelo, y la obstrucción de su funcionamiento.
- Fabricación, comercio y tenencia ilegal de armas reglamentarias y explosivos catalogados incumpliendo la normativa de aplicación y sin la documentación requerida cuando se causen perjuicios muy graves.
- Celebración de espectáculos públicos a actividades recreativas quebrantando la prohibición o suspensión ordenada por la autoridad por razones de seguridad.

- Deslumbrar con dispositivos tipo láser a conductores de tren, metro o pilotos de aviones.

Infracciones graves (Multa de 1.000 a 30.000 euros):

- Perturbación muy grave del orden en actos públicos, deportivos, culturales, espectáculos, oficios religiosos u otras reuniones numerosas cuando no sean constitutivas de delito.
- La perturbación grave de la seguridad ciudadana en protestas no comunicadas ante instituciones del Estado como el Congreso, el Senado, los Parlamentos autonómicos o los altos tribunales, aunque no tengan actividad.
- Desórdenes graves en vía pública o provocar incendios que representen un peligro para las personas o bienes.
- Obstruir a la autoridad en la ejecución de sus decisiones administrativas o judiciales, como en los desahucios.
- Obstaculizar gravemente la actuación de los servicios de emergencia en el desempeño de sus funciones.
- Desobediencia o resistencia a la autoridad o a sus agentes en el ejercicio de sus funciones y la negativa a identificarse.
- La negativa a disolver reuniones o manifestaciones cuando lo ordene la autoridad
- La perturbación del desarrollo de una manifestación lícita.
- La intrusión o sobrevuelo en infraestructuras o instalaciones en las que se presten servicios básicos para la comunidad, como aeropuertos, centrales nucleares, etc.
- Portar, exhibir o usar armas de modo negligente o temerario o fuera de los lugares habilitados para su uso.
- La demanda de servicios sexuales en las proximidades de zonas infantiles, como Parques o colegios, o en lugares donde se ponga en peligro la seguridad vial, como los arcenes.
- Fabricación, comercio y tenencia ilegal de armas reglamentarias, explosivos catalogados y material pirotécnico.
- Obstruir inspecciones y controles reglamentarios en fábricas, locales y establecimientos.

- Uso de uniformes policiales o de servicios de emergencia sin autorización.
- Falta de colaboración con las fuerzas de seguridad en la averiguación o prevención del delito.
- Actos que atenten contra la indemnidad sexual (libre de padecer daño) de los menores.
- Consumo y tenencia de drogas en lugares públicos y su tolerancia, así como el abandono de los utensilios empleados.
- El botellón, cuando perturbe gravemente la tranquilidad ciudadana y no esté autorizado.
- Las cundas o taxis de la droga.
- El cultivo de drogas.
- Obstaculizar la vía pública con vehículos, contenedores o neumáticos.
- El uso no autorizado de imágenes o datos de miembros de las fuerzas de seguridad de Estado o autoridades.
- La tolerancia del consumo ilegal y el tráfico de drogas en establecimientos públicos.

Infracciones leves (100 a 1.000 euros):

- Manifestaciones y reuniones que infrinjan la ley de reunión.
- Exhibición de objetos peligrosos con ánimo intimidatorio.
- Incumplir restricciones de circulación peatonal o itinerario con ocasión de un acto público, reunión o manifestación.
- Amenazar, coaccionar, vejar e injuriar a los agentes de las fuerzas de seguridad cuando estén velando por el mantenimiento del orden público, por ejemplo en manifestaciones u otro tipo de protestas.
- Realizar o incitar actos que atenten contra la libertad sexual.
- Deslumbrar con dispositivos tipo láser a las fuerzas de seguridad.
- La ocupación de cualquier espacio común, público o privado.
- Perder tres veces o más el DNI en un plazo de 3 años y la negativa a entregar este documento cuando se acordara su retirada.

- Los daños leves a mobiliario urbano como marquesinas, papeleras o contenedores, así como los actos vandálicos a servicios públicos, por ejemplo las pintadas y los grafiti.
- Práctica de juegos o deportes en lugares no habilitados cuando haya riesgo para las personas.
- Entorpecer la circulación.
- Escalar a edificios o monumentos.
- Retirar las vallas de la Policía que delimitan perímetros de seguridad.
- Dejar sueltos o en condiciones de causar daños a animales feroces o dañinos.

Según el comunicado de prensa del 04.12.2013, hasta el mismo comisario del Consejo de Europa Sr. Nils Muiznieks, una institución con sede en Estrasburgo y de la que depende el Tribunal Europeo de Derechos Humanos, ve problemas en el borrador de esta ley desde el punto de vista de la seguridad jurídica y también de la proporcionalidad. Las definiciones de "algunos de los delitos son muy vagas", puntualizó, citando por ejemplo los atentados contra la autoridad o -entre risas- las ofensas a España. "¿Hasta qué punto están claros esos conceptos? ¿Cómo va a saber la gente si está violando la ley o no?", se preguntó el comisario en declaraciones a la prensa, denunciando que a su juicio el borrador deja margen para "aplicaciones arbitrarias" de la ley.

Dicho representante concluyó entre otros comentarios negativos hacia esta ley de seguridad ciudadana, diciendo sentirse "seriamente preocupado" por su impacto en la sociedad española, y no descartaba abordar la cuestión con el gobierno español "si va más lejos". El comisario europeo acudió un día más tarde a estas declaraciones a Bruselas para presentar un informe con recomendaciones a los gobiernos para garantizar que las medidas de austeridad que adopten sean proporcionales, no discriminatorias y temporales.

Bajo mi punto de vista, pienso que esta ley tiene algunas infracciones dentro de la misma ridículas y de tipo dictatorial, ya que éstas no son del todo democráticas, pues lo que no puede hacer un gobierno es "interferir en la libertad de las personas de reunirse libremente". La libertad para expresar discrepancias con las políticas del gobierno debe ser preservada, ¿O es que el gobierno actual lo que trata de hacer es volver al pasado para que ellos mismos estén más seguros y respaldados con esta nueva Ley frente a la ciudadanía, haciendo sentir a los ciudadanos el miedo para no quejarse ante las autoridades de la mala gobernación de los mismos, por ejemplo, o de otras cuestiones que pueden influir negativamente en contra del pueblo y así de esta manera puedan hacer lo que les dé la gana? Si es así, entonces estaríamos hablando una vez más de volver al sometimiento, y como tal, suprimiendo la democracia actual, sin que el pueblo pueda reclamar, opinar y pedir sus derechos libremente sobre lo que piensa de los gobernantes. Esto sería sin lugar a dudas una marcha de retroceso en contra de las libertades democráticas para volver una vez más hacia el pasado.

Una cosa es el insulto a la patria, a personas, a la quema de la bandera de España, etc. y otra muy diferente llamar a las cosas por su nombre con toda la transparencia de este mundo, sobre todo, hacer ver al pueblo con pelos y señales quienes son los corruptos que han estado vanagloriándose a través de sus cargos e influencias políticas. Esta sí que es una infracción de máximo orden, la corruptela a la que están acostumbrados a hacer y a lo único que dan al pueblo "enseñanza de corrupción".

Los demás partidos de la oposición lo consideraron una "ley mordaza" y entienden que limita de derechos fundamentales, con lo cual "da carta blanca a la represión"; "actuación libre para la policía"; "ataque a las libertades"; "aberración jurídica"; entre otras. Todos de la oposición prometieron que si ganaban las elecciones generales a finales del 2015 en la próxima legislatura, promoverán el cambio o la derogación de dicha ley.

Yo seguiré diciendo lo que pienso sobre estos corruptos, sin miedo alguno, dentro de un respeto, pero llamando ladrones y delincuentes a quienes verdaderamente lo sean. ¡Estaría bueno que en este siglo XXI tengamos que estar aún con las manos atadas como en la dictadura pasada! Por esta razón hay que derogar dicha ley, la cual tiene en algunos puntos síntomas de tipo dictatorial. Hay que cercenar la misma cuanto antes.

******

Amnistía Fiscal:

La amnistía fiscal es una oportunidad de tiempo limitado para un grupo específico de contribuyentes a pagar una cantidad determinada, a cambio de la condonación de una deuda tributaria (incluyendo intereses y multas), relativa a un periodo/s impositivo anterior y sin miedo a la persecución penal. Por lo general expira cuando alguna autoridad inicia una investigación fiscal del impuesto atrasado. En algunos casos, la legislación impone penas más severas a los que, pudiendo optar por la amnistía, no se acogen a ella.

El Gobierno actual del PP aprobó la amnistía fiscal el pasado 30 de marzo de 2012 mediante "el real decreto ley 12/2012 por el que se introducen diversas medidas tributarias y administrativas dirigidas a la reducción del déficit público", concluyendo la misma el 30 de noviembre del mismo año, y conseguir con esta acción recaudar 2.500 millones de euros para reducir así de esta manera el déficit existente, flexibilizando dicha amnistía fiscal, procedimiento con el que pretende recaudar dicha cantidad y aflorar un capital escondido en paraísos fiscales de al menos 25.000 millones de euros. De esta manera y sin hacer comprobaciones, se abre la puerta a lavar dinero negro, tributando la declaración especial solamente al 10% la parte generada en los ejercicios no proscritos (sólo tres, en el caso de la amnistía fiscal), manteniendo la exención de intereses y recargos.

Estos fueron algunos de los títulos de la prensa Nacional:

- *El Gobierno facilita el fraude con la amnistía fiscal al dinero en metálico.*
- *Hacienda abre la puerta al fraude en su proyecto de orden de amnistía fiscal.*

- *Los evasores arrepentidos serán "exonerados" de responsabilidad Penal.*

El partido socialista recurre la amnistía fiscal ante el Tribunal Constitucional, argumentando en su momento que la regularización tributaria extraordinaria "es contraria a los principios constitucionales de igualdad, proporcionalidad y progresividad que preside el sistema tributario". También los Inspectores de Hacienda señalaron que esta medida fiscal es "éticamente impresentable" y consideran que es "contraria a la Constitución". Este colectivo recuerda que el artículo 31 de la Ley fundamental señala que el sistema tributario debe ser justo e inspirado en los principios de igualdad y progresividad.

Sin embargo el PP, en el año 2010 había comentado: **Una amnistía fiscal es "impresentable, injusta y antisocial".** Y ¿Cómo es que después cuando este partido alcanza la ejecutiva del Estado proponen y sacan la corrupta amnistía fiscal?

¿Tenemos ante nosotros un acto más de corrupción, y esta vez directamente del mismo Gobierno? ¿Cómo es posible que estos dirigentes hagan una cosa así, ayudar a evasores de capitales, defraudadores y otros delincuentes que han delinquido y se vallan de rositas gracias a la ley de amnistía fiscal que se sacó de la manga el ministro de Hacienda "señor" Cristóbal Ricardo Montoro Romero?

No hay justificación alguna de esta actuación por parte del Gobierno, aunque sea para ayudar a las arcas del Estado, las cuales estaban en déficit según fuentes gubernamentales. No me extraña que haya contrapartida oculta, esperando muchos de ellos, a sabiendas que tarde o temprano se acogerían a una de las amnistías que nos suelen regalar los que ganan las elecciones, con lo cual ha sido un gran negocio para todos los corruptos.

Vista la catadura moral de nuestra clase política, ya todo es posible en este país, sobre todo de cierta "casta de personajes".

Esto sí que es un verdadero fraude, corrupto y delictivo, el cual se debe de escribir con mayúscula, ya que viene directamente del mismo Gobierno. Es vergonzoso que los que rigen una nación sean los que dan una imagen y enseñanza totalmente negativa frente a los ciudadanos. Se ve que la Ley la han hecho solamente para ellos, para que puedan actuar a su libre albedrío, sobre todo para sus bolsillos. El propio Gobierno está manchado de corrupción, y no es para menos decirlo, en primer lugar, por todos los casos corruptos que muchos de ellos han hecho, y ahora con esta amnistía fiscal, con lo cual, "la gota desborda el vaso". Estamos dando una imagen de corrupción de primer orden. Es una ignominia frente a otros países.

Decir una vez más, valga la redundancia, que los ciudadanos ya están hartos de toda esta podredumbre de corruptos delincuentes que actúan delintando constantemente, sobre todo los que se escudan en sus respectivas formaciones políticas dando una imagen oscura total de sus actuaciones fraudulentas, pues cada vez se les cree menos.

Sabemos de antemano que esta Ley de amnistía fiscal se ha practicado en otros países y lo seguirán haciendo en otros más para auto ayudarse cuando las arcas de un Estado contemplen un déficit, echando mano a esta corrupta acción que ellos mismos llaman "delictivo", pero que el mismo Gobierno la pone en práctica cuando necesitan capital para paliar un débito extremado existente en dichas arcas.

Pero esto que sucede en otras naciones, naturalmente que no nos concierne, lo que nos importa es que hagamos ver y hacer saber a otros países que el nuestro es transparente, practicándose la Ley a todos los niveles tal y como debe de ser. El Gobierno debería dar un mejor ejemplo del que está dando. Claro que tratándose de corruptos muchos de ellos, todo se puede esperar en este país al borde de la delincuencia.

******

La Ley sobre el aborto:

La nueva ley sobre el aborto, ha traído consigo una vez más la poca transparencia y democracia existente en España, ya que el que fuera ministro de justicia señor Alberto Ruiz-Gallardón sin preguntar a los ciudadanos, en este caso a las mujeres, las cuales son las que mandan sobre sus cuerpos, respetando naturalmente algunas premisas, este señor hace y deshace lo que quiere.

Y yo pregunto: ¿Quién es este sujeto, el tal ministro de justicia que actuó como quiso, sacándose de la "manga" algunas leyes, las cuales se tendrían que presentar ante el pueblo antes de ejecutar las mismas para que éste dé el beneplácito a través de las votaciones que corresponden? ¿Qué clase de política democrática existe en este país verdaderamente? ¿Se la puede llamar democrática, o más bien dictatorial? Yo la llamaría dictatorial, ya que el pueblo tiene derecho a decidir sobre temas que a todos nos concierne, en este caso el aborto, el cual es de máxima transcendencia por su complejidad, ya que el mismo puede traer consigo algunas dificultades negativas, sí, pero muchas más positivas, como por ejemplo: personas que carecen de medios para vivir; otros por enfermedades de mucho riesgo; otros por haber sido un desliz y no quieren traer al mundo a una criatura; etc. pero siempre y cuando se respete el mínimo tiempo de gestación sin pasar éste de doce semanas como en otros países existe.

A propósito de este ministro de justicia, diremos que presentó su dimisión el 23.09.2014 por la retirada del ejecutivo del Gobierno de la nueva propuesta de Ley del aborto apadrinada por dicho ministro. Esperemos que dicha Ley quede abolida de una vez por todas, ya que la mayoría de los ciudadanos así lo desean.

Vuelvo a insistir que los ciudadanos tienen la palabra, ya que son los que les corresponde decidir si lo aceptan o no, y no algunos demagogos, dictadores e ignorantes políticos que no quieren aceptar que el pueblo hable por sí mismo dentro de una transparencia democrática, no, algunos creen que aún estamos en la época de la oligarquía "sin querer bajarse del burro" como se suele decir.

******

Tesorería del PP:

En este apartado de la corrupción, he querido dejar para casi el final este punto por lo "apasionante" del caso, ya que el mismo "puede" arrastrar al Partido Popular (PP) a la desintegración de dicha formación, o al menos a la total dimisión del Gobierno en funciones, (aunque no me extraña que no suceda nada y se vallan de rositas como siempre), como al encarcelamiento de muchos de sus dirigentes por la corrupta actuación de los mismos, a través de su ex tesorero Luis Bárcenas, el cual estuvo cumpliendo condena en la cárcel por el "caso Gürtel" durante 19 meses, más los que tendrá que cumplir por otros delitos que a continuación paso a mencionar:

José Luis Bárcenas Gutiérrez, nacido en Huelva el 22.08.1957, fue Senador en Cortes Generales de España por Cantabria (14.03.2004 – 19.04.2010), de profesión empresario y ocupación político y tesorero del Partido Popular (PP). Desempeñó el cargo de tesorero por designación directa de su presidente, ***Mariano Rajoy****.*

En 2009 fue imputado por el Tribunal Supremo por su implicación en el **caso Gürtel**, la trama de corrupción vinculada al Partido Popular que fue instruida inicialmente por el juez Baltasar Garzón.

El 20.01.2013 leemos en el diario de EL MUNDO: *Luis Bárcenas pagó durante años sobresueldos en negro a parte de la cúpula del PP. Las cantidades que contenían los sobres oscilaban entre los 5.000 y los 15.000 euros mensuales, según han asegurado a este periódico cinco fuentes solventes de las sucesivas direcciones del partido.*

Luis Bárcenas controló esta práctica tanto durante los casi 20 años que ejerció de gerente del partido, como en el año escaso que permaneció como tesorero. El dinero procedía de comisiones cobradas a constructoras y compañías de seguridad y de donaciones anónimas.

El ex gerente y ex tesorero del PP Luis Bárcenas pagó durante años sobresueldos en dinero negro a la cúpula del partido y otros altos cargos. Los beneficiados con el reparto de sobres tenían un salario orgánico en A-en muchos casos, también uno institucional- y una cantidad adicional en B.

*Bárcenas ha amenazado con sacar a la luz esta contabilidad **B** si el partido no le ayuda a librarse de las consecuencias penales del caso Gürtel, que podría acarrearle una condena de cárcel.*

*Hay que recordar que el hombre el cual gestionaba las finanzas del partido está imputado por el Juzgado Central de Instrucción número 5 de la Audiencia Nacional. Una semana antes se hizo público que llegó a tener, "junto a otras personas" cuya identidad no ha revelado, 22 millones de euros en el Dresdner Bank de Ginebra a través de una sociedad panameña. Un detalle según su versión, **esta cuenta opaca al fisco español data de antes de 1990**, que es cuando se inició el abono de sobresueldos irregulares.*

*La bomba atómica que posee Luis Bárcenas, se llama "contabilidad B del PP", el cual aseguraba que estaba a buen recaudo, y que la misma recogía todos los salarios en negro que abonó durante años a la cúpula del partido y altos cargos de Génova 13 (lugar donde se encuentra la dirección general del partido del PP). **Hasta cinco fuentes diferentes confirmaron e este diario lo que Bárcenas relató entre bastidores**. Que los sobres en negro a la cúpula iban desde los 5.000 euros al mes para los secretarios de área, a los 15.000 que percibían las más altas instancias. Existía un nivel salarial intermedio de 10.000 euros.*

*Luis Bárcenas ingresó en la prisión de Soto del Real el 27.06.2013 tras la decisión del juez Pablo Ruz, que en un **auto** decretó prisión incondicional sin fianza para el ex tesorero del **PP** después de unos últimos **seis meses en el ojo del huracán**.*

Según se defendió el ex tesorero, todo su capital fue ganado a través de operaciones de compra y venta de cuadros o en sus "afortunadas" inversiones en Bolsa, etc. Naturalmente que el juez no lo creyó y más aún tras conocerse que tenía otros 26,2 millones escondidos, lo que suponía una fortuna –solo en Suiza– de 48,2 millones de euros en 2008. Al matrimonio Bárcenas le valió la imputación de tres nuevos delitos; falsedad documental, estafa procesal en grado de tentativa y blanqueo de capitales.

Pienso que hay mucho más dinero, tanto invertido como en metálico en paraísos fiscales, pero es difícil de saber, ya que hay países donde no sueltan "prenda", posiblemente se sepa en un futuro. De lo que sí estoy seguro, es que muchos de los altos dirigentes del PP están temblando por lo que pueda decir el ex tesorero.

Y yo me pregunto ¿Qué acuerdo han hecho estos elementos dirigentes del PP con el que fuera tesorero de esta formación política para que no hable? Seguramente le habrán prometido supuestamente que estará poco tiempo en la cárcel; su capital estará intocable; habrá más dinero de por medio; etc. Yo no lo dudo, lo tengo muy claro en este país de "pandereta".

La corrupta España del siglo XXI, es la "Sodoma y Gomorra de la corrupción", la de muchos dirigentes políticos corruptos que solo tienen un fin: la de hacerse sea como sea con el poder y el dinero a toda costa, sin importarles cómo le va al país y a sus ciudadanos.

Muchos de estos individuos, los honorables que tanto prometen al pueblo con demagogias más que baratas, las cuales quedan en falacias corruptas, sujetos de guante blanco, ladrones, mangantes y corruptos de nacimiento, tienen que ser abolidos totalmente de la política y ser metidos en prisión, pero trabajando dentro de ellas si quieren comer como se les hace a los presos en otros muchos países, de esta manera sabrán con exactitud lo dura que es la vida trabajando para sacar un sueldo mísero y poder dar de comer a su familia, y no el lujo que estos sujetos mangantes y vividores han estado llevando durante décadas a través del dinero hurtado de las arcas del Estado, un saqueo constante que, cuando necesitaban echar mano de capital, lo hacían exprimiendo cada vez más la sangre al pueblo por medio de más impuestos.

Después de estar el "Señor Luis Bárcenas" durante 19 meses en prisión preventiva por el caso *Gürtel*, vemos con sorpresa como el juez Ruz ordena la libertad provisional de Bárcenas de Soto del Real tras comprobar el pago de 200.000 mil euros de fianza que le había impuesto el martes día 20.01.2014 la Audiencia Nacional. Días más tarde este "señor" se va a los Pirineos a esquiar. ¿De dónde saca el dinero, si tanto sus cuentas como sus pertenencias están embargadas hasta que no se aclare todo?

El ex tesorero del PP tardó dos días en reunir dicha cantidad gracias a las transferencias que habían realizado con la ayuda de sus familiares a la cuenta del Juzgado Central de instrucción número 5 de la Audiencia Nacional, ya que fue el propio juez Pablo Ruz quién ordenó su ingreso en prisión el 27.06.2013 y como tal era él quien tenía que ordenar su puesta en libertad, la cual se produjo el 22 de enero de 2014 tras producirse el pago. Tiene que comparecer 3 veces por semana (lunes, miércoles, viernes) en el juzgado; prohibición de salir de España; entregar su pasaporte; y fijación de su domicilio. El propio Bárcenas sabe que se enfrenta a una pena de prisión de 42 años y medio que solicita la Fiscalía Anticorrupción para el ex tesorero por los delitos de apropiación indebida, blanqueo de capitales, fraude fiscal, cohecho, falsedad documental y estafa procesal en grado de tentativa, aunque la abogacía del Estado pide 60 años por el dinero estafado que supera los 48,2 millones de euros que en enero de 2008 llegó a acumular en dos bancos de Ginebra (Suiza), como también que tiene un año aproximadamente hasta que se siente en el banquillo de los acusados, lo mismo su mujer Rosalía Iglesias, que se enfrenta a 24 años de cárcel.

El que fuera juez Sr. Javier de Liaño, el cual es ahora el abogado defensor del ex tesorero, comentó a los medios que veía "desmesuradas" las penas de prisión solicitadas por la Fiscalía y la Abogacía del Estado, de 42 y 62 años de prisión respectivamente para Bárcenas. Y yo pregunto:

¿Cómo puede ser posible que este abogado defensor de Bárcenas que fue en su día juez, esté defendiendo a un corrupto? ¿Qué clase de leyes hay en España que hasta los ex jueces defienden la corrupción? Esto naturalmente debería de estar prohibido, pero claro, el dinero todo lo puede.

A su salida de prisión, el ex tesorero del PP lanzó varios mensajes a sus ex compañeros de partido: *"Las responsabilidades las tenemos que asumir todos". "¿Cómo no va a conocer la contabilidad del Partido Popular el presidente señor Rajoy, si recibía un sobre que le entregaba el anterior ex tesorero Álvaro de Lapuerta Quintero?"*

Todo esto da sensación de oler a pacto encubierto con el PP, pues de ser así se lo han montado muy bien, pero de nada les va a servir, ya que tarde o temprano se sabrá qué clase de "pastel" hicieron, y entonces, que se valla despidiendo el partido al completo incluido el presidente de seguir gobernando la nación, al menos en la próxima legislatura. Muchos se preguntan si hubo algún tipo de pacto con el PP, o si Bárcenas había aceptado el silencio a cambio de la libertad. Esto por ahora no lo sabemos, aunque creemos que sí lo hubo. No nos olvidemos de las declaraciones que hizo Bárcenas a los medios, en este caso concreto a *20minutos* cuando salió de prisión: *"El presidente del Gobierno Mariano Rajoy, me dijo que fuera fuerte, le he hecho caso y le doy las gracias: Luis ha sido fuerte de verdad", dijo Bárcenas, refiriéndose a un mensaje SMS que el presidente del Gobierno le envió por el GPS de Sánchez desde Washington, "**Luis sé fuerte**", cuando se destapó todo el "caso Gürtel". Además el ex tesorero avisó de que ya "habrá tiempo de hablar", subrayando que "el PP y Rajoy no tienen nada que temer en estos momentos" de él.*

Cómo pueden ver, tras estas declaraciones que hizo ante los medios el día que salió de la cárcel, es de imaginar que hubo un pacto entre el Gobierno y Bárcenas, para que éste último no destapara todo este asunto peligroso por la existente "caja B" que puede llevar al Gobierno del PP a su total dimisión, originando con esto uno de los mayores escándalos de la historia política de España. Parece ser que el señor

Bárcenas no habla ya con tanto ímpetu como cuando hizo entrever antes de entrar en prisión, que él tenía muchas cosas que decir, cayera quien cayera. A finales de marzo de 2015 el Sindicato Manos Limpias pedía la imputación de Rajoy (actual presidente del Gobierno), Cospedal, Acebes y Cascos. Está claro que deben de ser imputados, ya que hay una connivencia entre todos estos sujetos.

Después de dos años de investigación, a finales de enero de 2015 el juez Ruz dio por acreditada la existencia de la caja B del PP, cerrando de esta manera la indagación de los "papeles del ex tesorero Bárcenas" que durante dos décadas esta formación política mantuvo una contabilidad oculta a Hacienda, alimentada de donaciones ilegales y destinada a gastos como el pago de sobresueldos, campañas electorales, privados, etc. Ahora solo cabe esperar el juicio final, últimos pasos que serán llevados previsiblemente por el juez José de la Mata, que en breve sustituirá a Ruz en la Audiencia. Esperemos que todo el peso de la ley caiga sobre todos estos corruptos sin miramientos beneficiosos de ninguna clase.

La corrupción está en gran parte al orden del día en el país, tanto político como judicialmente, pues todos los ciudadanos españoles deberíamos ser conscientes a la hora de votar en las próximas elecciones municipales, autonómicas, y sobre todo en las generales, castigando a estos partidos corruptos, penándoles con el voto, o sea, negándoles el voto y dándoselo a otras formaciones menos corruptas. Esta sería la única manera de hacer justicia que tiene el pueblo soberano en sus manos para acabar con este lastre y enfermedad "leprosa". Y ahora para aumentar más la corrupción existente, a través de Radio Nacional de España escuchamos el miércoles día 18 de marzo de 2015 la última "campanada corrupta", la cual hace romper los cristales en añicos por el gran estruendo ocasionado, ya que la número dos del PP, la secretaria general del mismo y presidenta de Castilla-La Mancha, María Dolores de Cospedal defendió que, según Hacienda, las donaciones a los partidos políticos están exentas de tributar.

La Agencia Tributaria remitió al juez Ruz en su día el cálculo de los impuestos impagados por el PP en el año 2008 por las donaciones anónimas que recibió, pero que, según el criterio de los técnicos, no estarían obligadas a tributar por estar exentas, como también las cantidades donadas a ONGs como lo son Caritas, Cruz Roja u otras.

Esto bajo mi criterio no son comparativas, ya que yo entiendo, que en la exención al pago tributario de estas donaciones a los partidos políticos, en principio son para su propio bien personal para llegar al poder, y no como las ONGs que son de tipo humanitario **sin ánimo de lucro**. Por esta razón pienso que estas donaciones no deberían estar exentas de impuestos. ¿Cómo se puede digerir esta campaña de Hacienda? O es que, ¿La han elaborado a través de dichas donaciones? Y ¿Qué pasa con el "adorno" que hizo el Gobierno en febrero de 2014 sobre la ley **medidas contra la corrupción**: financiación de partidos (donaciones)? (Ver apartado 182).

Se contradice una cosa con la otra, y al mismo tiempo ellos mismos se cubren bien las espaldas para no tener que tributar por todas las donaciones recibidas durante años al partido del PP, como también a otras formaciones políticas, ya que de tener que pagarlo, entonces tendrían que asumir todos los partidos el tributo a Hacienda. Y yo pregunto ¿Quién es Hacienda para decidir sobre una ley en la cual están prohibidas las donaciones a partidos políticos, eximiendo ésta a los mismos a no tributar?

Esto es un delito fiscal y como tal hay que imputar al PP. Hacienda no tiene cabida en este "entierro", pues solamente lo tienen los jueces para decidir sobre dicho asunto, y haga pagar al Partido Popular los impuestos correspondientes a todas las donaciones recibidas durante más de 20 años para financiar al partido; para elecciones; propaganda; comidas; regalos; etc. etc. Esto no tiene precedentes, ¿Qué clase de Estado de Derecho tenemos cuando estos gobernantes actúan de esta manera tan corrupta?

Considero un atropello más al ciudadano con esta acción la cual provoca la indignación social, cuando vemos al propio Gobierno blanquear algo penal a su propio albedrío para sus mismos intereses. El

PP se benefició durante muchos años de donaciones ilegales a sabiendas que estaban prohibidas.

******

Dimisiones:

La dirección general del PSOE suspende de su militancia a varios de sus dirigentes por corruptos, al tiempo que les invita a dimitir de sus cargos. Días más tarde esta formación política pide al presidente del Gobierno español Mariano Rajoy que haga lo mismo con algunos corruptos del PP. Claro que se tardó varios días de echar mano a esta iniciativa, hasta que por fin tuvieron que hacer lo mismo que había hecho el PSOE. ¿Y cuándo echaron mano? Pues a raíz de lo que sucedió días más tarde por la macro-redada contra la corrupción municipal y autonómica con decenas de detenidos el 27.10.2014 según el diario *El Mundo.*

La Audiencia Nacional, la Fiscalía Especial contra la Corrupción y la Guardia Civil llevaron a cabo una operación contra una trama de corrupción municipal y regional infiltrada en varios ayuntamientos y autonomías, afectando principalmente a Madrid, Murcia, León y Valencia, a la cual llamaron "operación púnica". Entre los detenidos estuvo el ex secretario general del PP de Madrid, Francisco Granados (el que fuera el ex hombre fuerte de confianza de Esperanza Aguirre, presidenta de la comunidad de Madrid), al cual se le atribuye un millón y medio de euros en una cuenta en Suiza; el presidente de la Diputación de León, Marcos Martínez (PP); los alcaldes de Valdemoro (PP), Parla (PSOE); y de otros cuatro municipios.

Estas decenas de detenciones, 259 registros y 400 requerimientos a entidades bancarias y compañías de seguros, así como 30 embargos preventivos, vino dado por las investigaciones que se vinieron dando en los últimos dos años a esta fecha por la firma de adjudicaciones públicas por valor de 250 millones de euros a cambio de comisiones ilegales del 3%, con lo cual, estos granujas se embolsaron unos 7,5 millones de euros de ganancia y libres de impuestos, según informaciones de Radio Nacional.

Según explicaron fuentes jurídicas, los políticos implicados no actuaban para financiar al PP o al PSOE, sino que buscaban su enriquecimiento personal. En algunos casos se trataba de políticos que veían de cerca el fin de su carrera y querían aprovechar los últimos compases para hacer fortuna, según las mismas fuentes.

Concretando, a la trama se le imputaron los delitos de blanqueo de capitales, falsificación de documentos, delitos fiscales, cohecho, tráfico de influencias, malversación de caudales, prevaricación, revelación de secretos, negociaciones prohibidas a funcionarios, fraudes contra la administración y organización criminal.

Observamos que cada día que pasa nos levantamos con nuevos casos de corrupción. Parece como si ayer saliéramos de la dictadura para entrar en la democracia, con la ilusión de tener unas libertades dignas dentro de ella, pero la realidad es otra, ya que estamos asistiendo a una corrupción tal, que este país se le podría nominar como corrupto y tercermundista, del cual están haciendo de él un burdel sin más, espoliando al pueblo a manos llenas, por mediación de mafiosos, vividores y mangantes.

Vuelvo a reiterar una vez más (valga la redundancia), que la única solución y esperanza para este país, es la de hacer desaparecer de la vida política a todos estos sujetos corruptos, también a sus correspondientes partidos políticos con sus "siglas" marcadas por la corrupción, y sin que se les deje actuar u organizar otros partidos políticos, sino gente nueva y joven con otra clase de ideas para ayudar al pueblo, y no esta perversión que cada día asola más al país dando una imagen nefasta totalmente.

Dejemos actuar a la Fiscalía Anticorrupción y a los jueces para que estos regeneren este país cargado de violencia corrupta y política, expulsando a todos estos corruptos de sus formaciones políticas y eliminando las mismas, haciéndoles devolver todo el dinero acumulado de los robos cometidos y hacerles pagar con sanciones y cárcel todos sus delitos. Hay que cortar la enfermedad mafiosa cuanto antes, para que no se propague más este cáncer maligno de primer grado.

Según informaciones de los medios tras los escándalos de corrupción que se vienen dando, el Gobierno ha reaccionado a la presión social ante la oleada de los mismos, aprobando a finales de octubre del 2014 la creación de 112 plazas de magistrados y otras 167 de jueces de adscripción territorial, además de dos nuevos jueces destinados a la Audiencia Nacional. Estas plazas estaban ya comprometidas con el Consejo General del Poder Judicial antes de los últimos escándalos. El propio Rajoy admitió que no son medidas "extraordinarias", ya que el Gobierno había frenado la convocatoria de nuevas plazas por los recortes que se habían hecho, pero a raíz del empuje de los jueces por la saturación de los juzgados, el ejecutivo respondió así a la presión.

¿No es una casualidad más de tantas otras por parte del ejecutivo, que quiera arreglar esto de los jueces cuando estamos ya de corrupción hasta la coronilla? ¿Se tuvo que esperar tanto tiempo para aumentar la plantilla de los mismos y remediar lo que tanto está afectando a España?

Como siempre, en este país se echa mano a los problemas cuando nos llega el agua al cuello. Pasa lo mismo con las carreteras en mal estado, o en las curvas muy cerradas, que hasta que no han sucedido varios accidentes, mortales, no se arreglan.

Por esta razón, cuando vemos que hay que resolver algo que nos concierne a todos los ciudadanos del país, el Gobierno tiene que echar mano a todos los mecanismos necesarios y disponibles para paliar todo aquello que sea negativo y vaya en contra del pueblo, y no dejarlo de la mano de Dios para tiempo más tarde, por el mero hecho de las tantas reuniones tras reuniones que hacen sin llegar a soluciones ni acuerdos, solo perdiendo el tiempo. Pienso que cada ente tiene su cometido y como tal, los mismos deben de hacer lo posible para que cada uno de ellos haga todo lo posible para solventar todos los asuntos de tipo nocivo por el bien de todos.

Las afecciones más peligrosas para el ser humano no son el **cáncer**, el **Ébola**, el **sida**, entre otras enfermedades, ya que éstas a largo plazo muchas de ellas se pueden curar, pero la que no se puede casi combatir, es la enfermedad de la corrupción, la cual viene dada por el poder y el dinero, síntoma enfermizo del hombre que le corroe desde que nace hasta que muere. Solo habría una manera de atajar la corruptela: si todos los ciudadanos tuviéramos un estatus social y económico de bienestar total y digno sin faltarnos de nada, y con una justicia transparente la cual ejerza la misma implacablemente contra todos aquellos que vulneren los principios éticos, de convivencia, etc. Seamos todos más conscientes para con nosotros mismos y para nuestro pueblo.

No habíamos aún salido de una, cuando entramos en otra de mayor calibre, ya que el día 27.11.2014 nos encontramos con la gran noticia a través del diario *El País* con otra de las dimisiones que se produjo un día antes:

El presidente fuerza la salida de la ministra de Sanidad, Ana Mato, implicada en el caso "Gürtel" por haberse beneficiado de regalos. Siendo obligada a devolver el dinero que pudo obtener de los negocios supuestamente delictivos de su ex marido y ex alcalde de Pozuelo de Alarcón (Madrid), Jesús Sepúlveda.

La ministra añadía por aquel entonces, que dimitía para no hundir al Presidente del Gobierno Mariano Rajoy.

Mato se convirtió de esta manera en la segunda dimisión del Ejecutivo de Rajoy, después del ministro de Justicia en septiembre del mismo año Sr. Alberto Ruiz Gallardón.

El Partido Popular (PP) se benefició de los fondos delictivos de la red "Gürtel". El juez Ruz propuso juzgar como "partícipes a título lucrativo" de la trama al partido del Gobierno y a su ministra dimisionaria. Entre otros, sólo Bárcenas ganó 1,2 millones de euros en comisiones.

Por aquel entonces la comisión permanente del Consejo General del Poder Judicial estudió la posibilidad de sacar a concurso la plaza del Juzgado 5 de la Audiencia Nacional que ocupaba en comisión de servicios el magistrado Pablo Ruz del seguimiento de este caso, e instructor también de algunas de las grandes causas de corrupción que afectan al poder político de España, en los cuales lleva trabajando más de 4 años, apartando al juez Ruz para que dejase la Audiencia Nacional a finales del 2014.

Como nota diremos que el Juez Pablo Ruz llegó al Juzgado 5 de la Audiencia Nacional el 24 de junio de 2010 para sustituir a Baltasar Garzón, apartado del puesto por el proceso abierto en el Supremo que acabó con su condena por prevaricación al ordenar escuchas en la cárcel entre los cabecillas de la red Gürtel y sus abogados.

¿No les parece raro que cuando un juez está encaminado en esclarecer y terminar con un caso de corrupción de alto nivel entre otros, quieran apartar a este del mismo como sucedió más o menos con el juez Baltasar Garzón? ¿Qué intereses y tratos de favor hay por medio entre el Gobierno y el Poder Judicial para que hagan lo que les venga en gana? Para responder más o menos a estas preguntas, diremos que la mayoría de los casos que lleva el juez Ruz, son de personajes de la alta esfera del partido popular, o sea del Gobierno. Justo en aquel momento cuando el juez Ruz comenzaba a dictar autos de choque contra el partido del Gobierno, estaba pendiente de que le renovasen el contrato sus superiores. Creo que con estas explicaciones está todo dicho.

Después de las muchas protestas de varios de los partidos políticos de la oposición por el presunto cese del juez Ruz por la presión ejercida del Poder Judicial, el día 09.12.2014 se acordó a través de las votaciones de los miembros de la comisión permanente del Consejo General del Poder Judicial (CGPJ), que el magistrado siga la instrucción del caso Gürtel hasta marzo de 2015, permitiéndole continuar como refuerzo si el propio juez lo pide, instruyendo dicho caso hasta que cierre la investigación sobre la trama de corrupción ligada al PP. Esto naturalmente es lo justo, dejar que los jueces terminen al menos los casos comenzados por ellos.

Como vemos, la unión hace la fuerza, o mejor dicho de otra manera "el que no llora no mama". Tuvieron que acceder a lo que es transparente, ya que el PP se estaba jugando la dimisión de todo el Gobierno en funciones por la corrupción que muchos de ese partido estaban ejerciendo. De todas formas, así o así, deberían haber dimitido y convocaran nuevas elecciones generales, pero como vemos una vez más, les cuesta salir del poder. Esta acción de no dimitir un Gobierno corrupto por la cantidad de casos de corrupción existentes, en el exterior es una de las más vergonzosas acciones de los dirigentes de un país, por el saqueo y el engaño que han estado y están ejerciendo sobre los ciudadanos.

Si el juez Ruz afirmó en su momento que tanto la ministra de Sanidad Ana Mato como el PP se beneficiaron del dinero del delito, ¿Por qué no dimitió el presidente del Gobierno Sr. Rajoy? Al respecto vuelvo a decir que en España se han cometido barbaridades de corrupción por parte de dirigentes de este país, pero como se ha demostrado una vez más, casi nadie dimite, sino que se aferran al poder como lapas en la roca.

Pero "la gota que colma el vaso" se da cuando la ex ministra de Sanidad Sra. Ana Mato, dos semanas más tarde después de su dimisión reaparece de nuevo ocupando su escaño de diputada rasa por Madrid, y algunos días más tarde es presentada como vicepresidenta de comisión por el Gobierno en funciones el jueves 18.12.2014, ganando 1.000 euros más mensuales por el nuevo cargo a desempeñar. Parece ser que con este gesto "*en el PP la incompetencia tiene premio directamente proporcional al nivel de incompetencia*". Y digo esto, porque "para dicho viaje no hacían falta las alforjas" ¡Qué vergüenza!

¿Cómo es posible que esta señora después de haber sido imputada por corrupción en el caso Gürtel por el juez Ruz pase a ocupar un cargo de responsabilidad en el Congreso? ¿Qué clase de leyes se hacen en España para beneficiar a los políticos? Es vergonzoso y patético que los mismos cuando dimiten o son dimitidos por corrupción sean de nuevo elegidos para otros cargos.

Un punto importante a tener en cuenta, sería el de elaborar una nueva ley sobre los políticos corruptos, o sea, que estas personas corruptas sean apartadas automática y definitivamente de la vida política, como también restringirles el sueldo que tuvieren antes en sus funciones. Esto supondría un gran paso y reto de transparencia para la democracia española.

Otro de máxima importancia sería sobre los nombramientos que hace el presidente del Gobierno entrante en una nueva legislatura, o sea, a la hora de nombrar a un ministro/a por ejemplo o de otro rango, tenga el nombrado la calificación o carrera de lo que va a ser su cometido, y no que se nombre por ejemplo a un ministro/a de justicia sin tener la carrera de derecho; o a un ministro/a de sanidad sin tener la de medicina; u otro de economía sin tener dicha carrera; etc. También los que quieran ser políticos tengan todos la carrera de ciencias políticas, así de esta manera funcionaría a la perfección una nación, "es como si a un peón de albañilería le nombraran inspector de Hacienda".

Después de esta segunda dimisión, siguió como cabía de esperar por parte del Ejecutivo del Gobierno una rápida solución a todo este entramado de corruptela, presentando un nuevo paquete de medidas. Ninguna de las leyes contra la corrupción que prometió Mariano Rajoy hace más de dos años en el Congreso de los Diputados está en vigor, y a raíz de todos estos escándalos que fueron surgiendo por parte de otros partidos políticos, sobre todo el de su mismo partido, ahora quiere limpiar la imagen de esta formación política del Gobierno actual del (PP) para no perder el liderazgo como ejecutivo en las próximas elecciones generales.

El discurso de Rajoy sobre la regeneración tiene poco futuro mientras su propio partido no se renueve, ya que hay poca credibilidad por parte de los ciudadanos, pues ha llovido mucho en estos últimos años y el pueblo ya está harto de tanta mentira, saqueo e injusticias. "Que el PP haga una ley contra la corrupción después de la cantidad de corruptos que ha habido y hay en ese partido, es igual que si *la tabacalera hace una campaña contra el cáncer de pulmón*".

******

Medidas contra la corrupción:

Las propuestas del PP contra la corrupción que dicho partido saca a la luz, siendo la mayoría de las mismas pertenecientes a proyectos de Ley que el Gobierno aprobó hace más de dos años, son las siguientes:

- Según informó *El País* el 27.11.2014, **es un plan anticorrupción viejo y empantanado con leves retoques.**

FINANCIACIÓN DE PARTIDOS (Donaciones):

- Prohibición donaciones procedentes de empresas (ya vigentes).
- Prohibición de las condonaciones a partidos (la ley vigente permitía hasta 100.000 euros).
- Reducción a 50.000 euros del límite de donaciones al año de personas físicas (en la ley presentada en febrero del 2014 el límite era de 100.000 euros).
- Publicación en la web de todas las donaciones superiores a 25.000 euros con identificación donante (en el proyecto de ley presentado en febrero del 2014 el límite era de 50.000 euros).
- Acuerdo obligatorio del Consejo de Ministros para subvenciones a partidos de más de 12 millones (solo afectaría a PP y PSOE ahora, ya incluida en el proyecto de ley de febrero del 2014).
- Obligación de tesoreros de los partidos de comparecer en el Congreso (incluida en el proyecto de ley de febrero del 2014).
- Tipificación de delito de financiación ilegal (nueva pero anunciada hace meses).

Ejemplos de escándalos (caso Bárcenas):

- Donaciones al PP por encima del límite establecido y por parte de contratistas de las administraciones públicas entre 1990 y 2007 por 8 millones de euros. Existencia de una caja **b** de ingresos y pagos ocultos a la hacienda pública.

Caso Gürtel:

- Financiación de actos electorales del PP por empresas a las que gobiernos del PP adjudicaban contratos públicos amañados.

FUNDACIONES PARTIDOS POLÍTICOS:

- Fiscalización por el Tribunal de Cuentas de la actividad económico financiera de las fundaciones de los partidos.
- Prohibición de recibir directa o indirectamente donaciones de organismos, empresas o entidades públicas.

Ejemplos de escándalos (caso Gürtel – Francisco Correa):

- Desvío de donaciones de empresas a fundaciones para actos electorales de sus partidos políticos. Dinero de empresas contratistas de la Comunidad de Madrid donado a Fundescam, fundación del PP, acabó financiando actos electorales de este partido.

OBLIGACIONES DEL ALTO CARGO:

- Prohibición de tarjetas de crédito a cargo de la administración para pago de gastos de representación del alto cargo.
- Publicidad de las declaraciones de bienes e intereses de los altos cargos.

Ejemplos de escándalos (tarjetas opacas – Miguel Blesa y Rodrigo Rato):

- Uso indebido de tarjetas de crédito en Caja Madrid y Bankia para gastos distintos a los de representación.

INDULTOS:

- Remisión semestral al Congreso de un informe sobre concesión y denegación de indultos (nueva, pero ya anunciada hace meses). Comparecencia semestral del ministro de Justicia.

Ejemplos de escándalos (caso Gürtel/Valencia – Francisco Camps):

- Contratos adjudicados mediante amaño por el Gobierno de Francisco Camps a empresas de la trama Gürtel por procedimiento negociado.

INSTRUCCIÓN JUDICIAL:

- Fijación de un plazo máximo para la instrucción de los procedimientos penales (nueva).
- Ampliación de los plazos de prescripción de los delitos hasta los 15 años e incremento de la duración de las penas de inhabilitación.

Ejemplos de escándalos (caso Carlos Fabra):

- Ha tardado 14 años en tener condena firme. El caso Gürtel acumula 6 años de instrucción. El caso Fórum Filatélico (pendiente de juicio 7 años después).

PARTIDOS POLÍTICOS:

- Fórmulas de participación directa de los afiliados en los procesos de elección de los órganos superiores de dirección de los partidos (no son primarias). Muchos partidos, salvo el PP, ya lo tienen en sus normas de funcionamiento interno.
- Suspensión de militancia para personas a las que se haya abierto juicio oral y expulsión para condenados por delito doloso (los partidos ya aplican esta medida incluso antes de apertura de juicio oral.

- Declaración judicial de extinción de los partidos por incumplimiento de adaptar los estatutos a la ley o no presentar cuentas ante el Tribunal de Cuentas durante tres ejercicios consecutivos o cuatro alternos.

Ejemplos de escándalos (caso Luis Bárcenas):

- El ex tesorero del PP Luis Bárcenas estuvo durante tres años a sueldo del partido pese a estar imputado por grave corrupción.
- El ex presidente valenciano mantuvo su militancia sin ninguna alteración tras abrirse el juicio oral por supuesto cohecho impropio, del que salió absuelto.

Con todos estos casos de corrupción entre otros y muchos más que irán saliendo, pienso que estos políticos corruptos, sobre todo, algunos de los que están gobernando actualmente el país se les pida que dimitan de sus cargos y convoquen nuevas elecciones generales para regenerar la democracia en España por petición del pueblo español, sin olvidarnos, que todos estos corruptos salientes se les prohíba definitivamente ejercer como políticos para el Estado, y no como ahora, que si dimite alguno, sigue en la política desempeñando otra función. Entonces yo me pregunto, ¿Qué clase de dimisión es esta? A esto lo llamo yo corrupción de primer grado, ya que "quien hizo la ley hizo la trampa"

******

Los honoris causa:

Yo los llamaría más bien "Los (des)honoris causa", como los llamó el diario de *El Mundo* en su artículo el 29.10.2014, ya que es bastante deshonor que se les de este reconocimiento a muchos personajes corruptos que no se lo merecen, y como tal, tendrían que quitarles a todos estos delincuentes galardonados estas nominaciones, ya que es una vergüenza para España que estos sujetos hayan sido investidos como tales.

"Recibe el birrete con borla, para que con él no sólo sobresalgas sobre los demás en dignidad, sino que también, como con el yelmo de Minerva, estés protegido para la lucha". "Recibe estos guantes blancos, símbolo de la pureza que deben conservar tus manos en tu trabajo y en tu escritura; sean distintivo también de tu singular honor y valía". "He aquí el libro abierto, para que abras los secretos de la sabiduría. Helo cerrado, para que dichos secretos los guardes en lo profundo de tu corazón.

Estas son las palabras que personajes como **Mario Conde**, **Rodrigo Rato**, **Gerardo Díaz Ferrán**, **Jordi Pujol** y hasta el mismísimo **Francisco Franco Bahamonde** entre otros, escucharon en el ceremonial por el que fueron investidos doctores honoris causa -por causa de honor, en latín- por universidades como la **Complutense** (UCM); la **Rey Juan Carlos** (URJC); la **Miguel Hernández** de Elche (UMH); la de **Salamanca** (USAL); o la de **Santiago** (USC); entre otras. Avergonzando a la comunidad universitaria española que les otorgó en su día dichos títulos honoríficos a todos estos corruptos e indeseables personajes.

Albert Einstein, **Ryszard Kapuscinski**, **Alexander Fleming**, **Nelson Mandela**, **Vargas Llosa** o **Severo Ochoa** comparten honores hoy día con imputados por el caso Bankia, condenados por fraude o investigados por presuntos delitos de blanqueo.

Creo que este reconocimiento solo se tendría que otorgar a los científicos que contribuyan con buena causa para la humanidad a través de los experimentos realizados, por ejemplo la medicina; la física; la química; biología; astronomía; matemáticas; geometría; genética y otros muchos más de no menor interés, pero bajo ningún concepto a algunos corruptos que se hacen pasar por honestos, y que después resultan ser lo contrario.

******

Recortes culturales:

La crisis mundial trajo consigo sobre todo en Europa unos recortes de máximo escándalo, tanto en Sanidad, laboral, cultural, socioeconómico... liderando España el recorte del gasto en cultura en Europa en un 50%.

Una iniciativa por parte del periódico británico "The Guardian" puso de manifiesto que España es el país europeo más afectado por las reducciones presupuestarias en instituciones culturales. Tampoco se libran los países más sólidos económicamente, como Bélgica u Holanda, ya que no se han librado de los ajustes.

Claro que aquí solo se habla de recortes en teatros, museos, galerías, óperas, orquestas, ballet y universidades, entre otros, pero no se habla de los recortes vergonzosos que se han hecho a la Seguridad Social, a los medicamentos y un etcétera muy largo.

España lidera los recortes culturales seguida de Portugal e Italia. Los más significativos en nuestra geografía española son: Madrid, Cataluña, Andalucía y Valencia, entre otros. Estos recortes culturales que se han hecho, se les puede llamar también corruptos, ya que se está negando a los ciudadanos a través de los mismos, los valores más esenciales para su crecimiento, como lo son: el sanitario, el laboral, económico, cultural y vivencia de todo ser humano.

La cultura es uno de los pilares más importantes de un país, pero ¿Por qué hay que recortar de ella, que es una de las fuentes más principales que tiene que disponer un país, como es la salud, la cultura y la educación, sin olvidar otros de no menor interés? "Países como Austria, Dinamarca, Finlandia y otros nórdicos son presentados por casos "de buenas prácticas culturales", ya que satisfacen las necesidades básicas de la cultura, gestionando adecuadamente el patrimonio y logrando sus objetivos sociopolíticos. En estos países el gasto estatal es el mayoritario. Como debe de ser.

Vamos a dejarnos de buscar palabritas rebuscadas en el diccionario de la Lengua Española como hacen estos corruptos por tener mucho tiempo libre sin hacer nada y hablemos en cristiano, claro y transparente. Estos recortes se deberían de hacer a todos los responsables que hay actualmente en los partidos políticos, o sea, a los sueldos de estos cacos de máxima magnitud, los cuales han estado apropiándose del dinero de las arcas del Estado durante años al pueblo español. A estos indeseables sujetos hay que hacerles que devuelvan el dinero del que se apropiaron y meterles a todos en la cárcel, de esta manera acabaríamos no solamente con la corrupción existente sino también con el paro en España.

Desgraciadamente yo veo a España dentro de la Comunidad Europea como uno de los países más corruptos de la misma. No levantaremos cabeza mientras gran parte de nuestros dirigentes políticos sigan con este lastre de corrupción que llevan desde años practicando el mismo. A mí me daría vergüenza como político español presentarme en otros países a tratar convenios Gubernamentales o de otras características, llevando el nombre de corruptos a la espalda.

Ya que estamos en los recortes culturales, no nos olvidemos de otros recortes que se hicieron entre los años 2008/13, sobre todo lo relacionado con la bajada de sueldos. A través del diario *El Mundo* de 10.11.2014 leemos:

La Comisión Europea dice que el ajuste salarial en España ha sido "lento, ineficiente e injusto".

- *Constatando que la reducción salarial "ha golpeado con dureza a los trabajadores temporales".*
- *Asegurando que "los que tienen más cualificación se vieron parcialmente menos afectados".*

Tras analizar los datos microeconómicos de España entre 2008 y 2013, los técnicos de la Comisión Europea consideran que en nuestro país "el proceso de ajuste que en cuanto a salarios sólo comenzó en 2010 ha sido lento, ineficiente y ha golpeado a los trabajadores temporales de forma desproporcionadamente dura".

Entre otras muchas, la tónica de la crisis económica que se vive en España, es trabajar más y cobrar menos, o sea, más horas trabajadas pero sin retribuir. Los salarios en caída libre, "es como un mercado de acciones en la bolsa".

Y yo me pregunto: ¿Ahora se da cuenta la Comisión Europea de casi todos los recortes que se hicieron en España por el empuje al que fue sometido el país para que cuadrasen las cuentas? ¿Qué clase de políticos profesionales y expertos en la materia hay en dicha Comisión cuando se han equivocado de esta manera tan inexperta?

A mi parecer, pienso que algunos países pagan los platos rotos que otros más listos rompieron, y como siempre nuestros políticos cayeron de ingenuos "en el quijotismo" como siempre, con buenas palabras, cargadas de promesas y falacias, pero que al final quien sufrió toda esta debacle de recortes fueron los ciudadanos españoles. ¿Cuándo aprenderemos de una vez por todas a ser más cautos y hacernos fuertes y respetados por todos los demás?

En un artículo del periódico *ABC* de 26.11.2014 sobre el ministro del interior Sr. Jorge Fernández Díaz, el cual comentó a este diario: "*El sistema no está corrupto, la democracia está funcionando*".

Vemos una vez más en estas declaraciones, cómo cada partido político defiende solo lo suyo, aunque en la mayoría de los casos con mentiras, ya que todos hemos y estamos viviendo la gran corrupción existente que hay en España. ¿A qué sistema democrático se refiere este ministro, a la del propio bolsillo de la gran mayoría de los políticos corruptos, o más bien a un sistema democrático que está aún por llegar? ¡Hay que tener agallas y pocos escrúpulos para hacer dichas declaraciones!

No es de extrañar que el pueblo español esté ya cansado de tanta injusticia, infamia y poca vergüenza que asola a nuestro país. Tampoco hay que asombrarse de la cantidad de huelgas que los ciudadanos hacen echándose a la calle para pedir sus derechos, al grito de "el pueblo unido jamás será vencido" –*frase que acuñó en 1940 el político colombiano Jorge Eliécer Gaitán y años más tarde popularizó el grupo chileno Quilapayún*–. Claro que dicho grito que claman las masas es muy emocional, e impone, pero de unión hay muy poca desgraciadamente en España, ya que constantemente en este país hay una gran tendencia a dialogar y discutir mucho, pero al final pocos hechos. Como bien se dice, "mucho ruido y pocas nueces".

******

Podemos:

Podemos es una nueva formación política española fundada el 17.01.2014, cuyo secretario general es Pablo Iglesias Turrión, Actualmente en el cargo desde el 15.11.2014; Diputado del Parlamento europeo por España, actualmente en el cargo desde el 01.07.2014.

Nombre.......................................Pablo Iglesias Turrión.
Nacimiento ....17.10.1978 en Madrid (España.
Partido ....*Podemos*, desde el (17.01.2014).
Otras afiliaciones políticas...........Unión de juventudes Comunistas de España (UJCE) (1992-1999).
Secretario general de *Podemos*......desde el (15.11.2014).
Profesión ....Politólogo.
Ocupación...................................Político y politólogo.
Alma máter ....Universidad Complutense de Madrid.
Posgrado.....................................Doctorado en Ciencias Políticas, máster en Humanidades, máster en Comunicación Política.
Religión.......................................Ateo.

Cuatro meses más tarde después de su formación, este partido participó en las elecciones europeas de 2014, consiguiendo 5 escaños (de 54) con el 7,98 % de los votos, convirtiéndolo en el cuarto partido más votado de España. Se convirtió en el tercer partido en número de afiliados (100.000 miembros) a los 20 días de su inscripción, ostentando el segundo lugar, con más de 200.000 en el mes de noviembre del mismo año. Según las encuestas en ese momento, aparece como el primer partido del país en intención directa de voto.

En los días 8 y 9 de noviembre del mismo año, se produce el debate entre los candidatos para ocupar los órganos de representación estatal, y el 15 del mismo mes, día de la clausura de la Asamblea, en el que se dio a conocer los nombres de las personas más votadas. Con 95.311 votos emitidos, o sea, el 88,6 % de los 253.000 inscritos a Podemos, Pablo Iglesias se proclama secretario general de dicho partido. Ahora dicha formación política se prepara para las elecciones municipales y autonómicas de mayo de 2015, sobre todo a las elecciones generales de finales de 2015 e intentar ganar las mismas.

En menos de un año, este joven politólogo ha pasado de sus charlas en los medios y de los mítines que ha venido ejerciendo a lo largo de estos meses, a disputar al PSOE la hegemonía de la izquierda española. A través de las encuestas realizadas, vemos que el secretario general de Podemos, lo sitúan como firme aspirante a la presidencia del Gobierno, prometiendo una reforma tranquila.

Este nuevo partido político de "extrema izquierda" de *Podemos*, está constituido por gente joven y dinámica con ganas de trabajar para el bien de la nación, queriendo escuchar y dar al ciudadano sus derechos sociales y acabar con la corrupción existente en España a través de un cambio radical político. Hasta aquí estoy de acuerdo con todo el programa de Podemos, cuando se define así mismo en su espacio en la red social *Facebook como*:

> Una herramienta al servicio de la ciudadanía, que tiene el objetivo del protagonismo popular y de recuperar el déficit democrático que estamos viviendo. Y así lo hemos demostrado, creando una estructura abierta, viva y cambiante, es decir, DEMOCRÁTICA y CIUDADANA donde todo el mundo pueda participar. Una nueva forma de hacer política es posible, ¡PODEMOS!

Pero no debemos de olvidar, que el populismo puede traer también consigo puntos negativos a través de las emociones contraídas por una mala política actual de corruptela en el país por el Gobierno de turno, y querer solucionar los problemas que España tiene, "sin tener una base a través de la experiencia, consciente y sólida, pero no de tipo emocional", para cortar de cuajo toda esta política nefasta de estos últimos años, sobre todo "la corrupción" la cual se propaga a la velocidad de la luz, el paro existente, el sistema educativo, sanidad, etc. en fin, todos los recortes que se han hecho hasta la fecha, mermando los derechos sociales del ciudadano en un gran porcentaje.

El populismo de Podemos, siempre será bien acogido por las masas cuando este sea positivo en su totalidad, "*que no sea un populismo disfrazado de democracia*", teniendo cuidado de no usarlo engañando al pueblo con fines de poder, en un momento tan frágil como el que está atravesando España y padeciendo sus ciudadanos por culpa de muchos de los políticos que practican la corrupción para su propio bien, olvidándose de lo más esencial "de los derechos fundamentales de todo ser humano" y de los problemas que arrastra España. Tampoco deben de alterar los principios democráticos, pudiendo resbalar en un populismo en el cual a la postre caeríamos en una política nefasta de tipo dictatorial como la que se está viviendo en Venezuela y en otros países, haciéndose pasar por libertadores y defensores del pueblo, mermando los derechos de los ciudadanos a través de promesas incumplidas.

Tanto los diarios *The Economist* como *The New York Times* relacionan el éxito de Podemos con los indignados en el movimiento del 15-M, siendo este un movimiento ciudadano formado a raíz de la manifestación del 15.05.2011 (convocada por diversos colectivos), donde después decidieran muchas personas acampar esa noche en la Puerta del Sol de Madrid de forma espontánea y de manera pacífica, con la intención de promover una democracia más participativa, alejada del bipartidismo PSOE-PP (binomio denominado "PPSOE") y del dominio de bancos y corporaciones, así como una "auténtica división de poderes" y otras medidas con la intención de mejorar el sistema democrático.

Esperemos para el bien de España y de sus ciudadanos, que este partido de *Podemos*, sea el libertador de la política actual corrupta española, castigando a todos estos corruptos sin dejarles jamás actuar dentro de formaciones políticas; hacer un saneamiento de los pilares democráticos actuales, los cuales han sido tocados y zarandeados por dirigentes corruptos sin escrúpulo alguno; también acabar con el nacionalismo catalán y vasco, siendo éste la génesis del separatismo para llegar con el tiempo a la independencia total de sus comunidades; y que las aguas vuelvan a su tranquilidad para que el pueblo reciba lo necesario holgadamente para su supervivencia con plena libertad, dentro de una convivencia democrática, sana y transparente. Como bien dijo Pablo Iglesias en diciembre de 2014, "*Parte de la casta política es corrupta*". Y no le falta razón alguna, ya que lo que llevamos viviendo en esta última década es desolador total sin límites.

Siempre que sale alguien para tratar de parar toda esta corruptela y mala política actual que atraviesa el país, aparecen sujetos de todas partes haciendo frenar con sus conjeturas polémicas lo que otros quieren limpiar de una vez por todas. Naturalmente que se aceptan las informaciones y las críticas que se hacen al respecto, pero siempre dentro de un marco cauto, y no tachando desde el principio como negativo todo lo que quieren hacer algunas personas o partido político por el bien de todos.

Hay que tener un poco de paciencia para ver qué es lo que sucederá con esta nueva formación política si es que llega a tomar las riendas gubernamentales, pues de ser negativo en su acometido dicho partido, el pueblo será consciente de su equivocación, con lo cual la mayoría de los ciudadanos no volverían a botar al mismo.

Vemos en el periódico de ABC el 16.11.2014 la siguiente noticia:

"*El populismo prostituye la democracia*", palabras de la joven politóloga guatemalteca Gloria Álvarez, licenciada en relaciones internacionales y ciencias políticas, la cual triunfa en internet con una alocución que desmonta el discurso de corte demagógico de Pablo Iglesias y *Podemos*, la cual arrasó en su discurso en You Tube:

Insistiendo en que el populismo "de lo primero que se encarga es de desmantelar las instituciones" y su líder "utiliza la desesperación de la población para ofrecer una solución rápida a sus problemas y, en lugar de invitar a la reconciliación, avivar la lucha de clases". Ese líder "se vende como un salvador a cambio de votos y el pueblo, desesperado por su situación, lo acepta". Álvarez tiene claro que la única forma de combatirlo es "devolviendo la pasión por el intelecto".

Los riesgos para España, es que "el discurso populista promete un progreso que al final nunca llega", ya que las consecuencias que tendría para el país, serían las mismas que han traído los regímenes totalitarios abusivos y corruptos: el desmantelamiento de las instituciones, leyes arbitrarias, parlamentos sin oposición, una nueva élite corrupta alrededor del dictador de turno, la desvalorización de la vida humana… y, a la larga, mayor pobreza.

Una de las preguntas que la hacen: – ¿Cómo valora el discurso de Pablo Iglesias? Hay quien asegura que su ideal es el comunismo y sus modelos, Correa o Chávez. La cual respondió:

He escuchado a Pablo Iglesias admirar a estos demagogos, pero también escucho a muchos latinos confundidos y admirados con ellos sin que entiendan necesariamente las repercusiones que el comunismo implica. Han sido muchos los españoles que me han hablado sobre Podemos, pero nadie conoce planes o evidencias concretas de qué piensa hacer realmente Pablo Iglesias si al final llega al poder. Dijo entre otras cosas.

En el diario de *El mundo* del 02.01.2015 leemos también una parte de un artículo que dice:

El éxito de Podemos en las encuestas radica básicamente en que, con un mensaje muy populista, sus dirigentes han conseguido catalizar a su favor el malestar por la crisis y el desencanto hacia los partidos políticos tradicionales. Pero aun admitiendo que los sondeos indicaron que este partido llegó para quedarse, es evidente que el empeño que ahora manifiestan también ERC y CUP en dar protagonismo a Iglesias responde a sus propias flaquezas.

Es verdad que el secretario general de Podemos arremetió con tino contra ERC y la CUP en el mitin que dio en Barcelona en diciembre de 2014, cuando aseguró que él "jamás le daría un abrazo a Rajoy ni a Mas". Pero también es cierto que ambas formaciones respiran por la herida, porque siendo representantes de la izquierda independentista no han dudado en hacer de costaleros de la derecha nacionalista que representa CIU; e incluso, en el caso de ERC, de apoyar al Govern hasta el punto de vetar la comparecencia de Artur Mas en la comisión de investigación sobre la corrupción que se sigue en el parlament.

Podemos es un partido de corte radical y de izquierdas, sin estructura territorial reconocible, sin un programa definido, y con un mensaje tan demagógico como maleable a algunas de sus ocurrencias más rompedoras, como la renta básica o la renuncia a pagar lo que llaman "deuda ilegítima", sobran motivos pues para criticar sus ideas y refutar sus propuestas, principalmente porque son desastrosas e inaplicables.

Sobre dichos artículos diré que "tenemos que dar tiempo al tiempo" y ver cómo reacciona el pueblo español ante esta nueva formación política de *Podemos* que se está acercando muy fuertemente a liderar la misma frente a sus adversarios, e incluso poder llegar a gobernar el país, y no poner de manifiesto todo tan negativamente, pues no nos olvidemos que esto ha venido dado por la corrupción desatada que vive actualmente España, sobre todo por las injusticias que están atravesando todos los españoles, sin olvidar tampoco a los nacionalistas catalanes y vascos separatistas, con lo cual el pueblo está ya harto de tanto "tira y afloja de independencias", y ante esta ola de delincuentes corruptos, los ciudadanos españoles sabrán a quién votar, al menos, que no sean los de siempre.

Sería un escarmiento para otros partidos políticos, sobre todo para los dos más fuertes, que quedaran relegados en las próximas elecciones generales a los puestos tercero y cuarto, para de esta manera tuvieran un escarmiento y pensaran mejor en el futuro en ayudar a España y no a desmantelarla, llenándose muchos de ellos sus propios bolsillos del dinero de las arcas del Estado.

El día 06.01.2015 en una de las noticias que hizo uno de los periodistas en Radio Nacional de España a las 8.30 horas de la mañana, comentó que le extrañaba mucho que Pablo Iglesias de *Podemos* dijera que España era un país tercermundista. A mí no me extraña en absoluto dicha declaración, ya que soy de su misma opinión, pues en uno de mis artículos de este libro ya dije que lo era, pero de Europa y no del mundo, ya que nuestro país está a la cola de la misma, y si queremos cambiarla, debemos hacerlo desde una nueva estructura política, comenzando por la enseñanza cultural, genuina y trasparente. Llevamos más de una generación en la "democracia", o sea, 38 años para ser más exactos, y sin embargo nos hemos quedado "dormidos en los laureles", atrasados en el tiempo, aceptando solo las ayudas de la Comunidad Europea para la modernización del país, sí, pero olvidándose los políticos de lo más importante, "de los derechos de todos los ciudadanos españoles".

En algunas de las declaraciones que *Podemos* hizo a través de los medios, en este caso en el diario *El Mundo* del 05.01.2015, hicieron constar:

Una de las principales acciones a hacer, sería la de la banca, o sea, facilitar más crédito "ya que este debe ser un derecho", sobre todo a las pequeñas y medianas empresas, que son las que se han visto más afectadas con una mayor dificultad en estos últimos años, como consecuencia de la crisis. En el documento base de Podemos, se propone el "reconocimiento en nuestra Constitución de un principio que consagre el crédito y la financiación a la economía como un servicio público esencial". Es necesaria "la creación de banca pública y bancos ciudadanos de interés público, sujetos a condiciones estrictas que garanticen su sometimiento al anterior principio y al control ciudadano para evitar la corrupción que se ha generalizado en los últimos años".

El economista francés Thomas Piketty (07.05.1971), especialista en desigualdad económica y distribución de la renta, aparte de los muchos artículos y libros que escribió, cabe destacar el de El Capital en el Siglo XXI, el cual vio la luz en el 2013, siendo publicado en español y en inglés en el 2014.

Fue galardonado en el 2013 por la fundación Yrjö Jahnsson y por la Asociación Europea de Economía (EEA), las cuales homenajean con dicho premio cada dos años a un economista menor de 45 años por una contribución significativa en cuanto a investigación teórica y aplicada con dicha distinción.

El 1 de enero de 2015, rechazó la Legión de Honor otorgada por el gobierno francés haciendo la declaración: *"Rechazo esta nominación porque pienso que no es el papel del gobierno el decidir quién es honorable"*.

En la sección *Público* en las redes de 12.01.2015 leemos: *Piketty advierte a Francia y Alemania de que deberán escuchar los cambios en España. En su conversación con Pablo Iglesias el economista francés respalda la reestructuración de la deuda y la renta básica que defiende Podemos, y afea a ambos países su "amnesia histórica", porque ambos afrontan quitas en los 50. Tiene claro que el cambio político en España se acerca, y advierte a Francia y Alemania que deberán tenerlo en cuenta. De hecho, demostrado el "fracaso" de las políticas de austeridad, Piketty espera que este cambio sobrepase las fronteras españolas hasta lograr "la refundación democrática de Europa". Entre otras cosas, defendió la conveniencia de crear un impuesto sobre el capital centrado en gravar las grandes fortunas.*

Pero volviendo a lo de antes, en el mes de enero de 2015 tanto en la prensa como en TV, vemos a los tres máximos dirigentes de *Podemos* salpicados supuestamente también por actos no muy transparentes: a Pablo Iglesias enfrentado a una querella por fraude fiscal a través de la productora CMI, en la que abandonó su puesto en la junta directiva; a Iñigo Errejón por vulnerar las condiciones de su contrato con la Universidad de Málaga, por lo cual tiene abierto un expediente; y a Juan Carlos Monedero investigado por Hacienda por si violó las normas al tributar a través de una sociedad. Si a todo esto sumamos la ayuda monetaria que el partido *Podemos* recibió presuntamente de Venezuela, entonces la situación se agrava mucho más. En fin, el tiempo dirá a qué atenernos.

No hay que olvidar las elecciones autonómicas del 24.05.2015, pues el partido de Pablo Iglesias de Podemos, obtuvo el 12,9% de los 98,2% de los votos escrutados, siendo la tercera formación política más votada con 1.791.116 votos a favor, siguiéndole en cuarta posición el partido de Ciudadanos (C´s), obteniendo el 7,9% del escrutinio con 1.098.230 votos.

Es bueno por una parte que los partidos políticos no consigan en todas las elecciones que se hagan llegar a tener la mayoría absoluta de los votos, ya que de esta forma no podrán hacer a su libre albedrío lo que quieran como en años anteriores, pues al haber otros partidos en coalición, la balanza a la hora de decidir sobre algo será más equitativa para el bien de los ciudadanos y para España, aunque se tenga que dialogar y trabajar más.

Estoy seguro que este será un nuevo reto tanto para la democracia como para España, debiendo democráticamente aceptar el mismo y esperando a corto plazo se solucionen todos los problemas que atraviesa la nación, sobre todo la corrupción; el paro; los recortes que se han hecho en Sanidad; en Cultura; entre otros de no menor importancia, sin olvidar la total prohibición de todos los partidos nacionalistas, los cuales solo buscan problemas tras problemas sin llegar a solucionar los suyos propios de su comunidad, sino agravando aun más los del resto de España.

******

Terrorismo del exterior:

Con motivo del once aniversario del trágico atentado terrorista de corte islamista acaecido el 11.03.2004 en la estación de Atocha en Madrid donde se hicieron eco diez explosiones simultáneamente en cuatro trenes de la red de cercanías llevados a cabo en horas punta de la mañana (entre las 07:36 y las 07:40) por *terroristas yihadistas*, en el cual murieron 192 personas y 1858 resultaron heridas, quiero hacer un llamamiento a todas las fuerzas políticas de España, para que cuando quieran hacer convenios con algunas naciones, sean estos bien estudiados antes de firmar los mismos, ya que pueden estar en juego la vida de mucha gente como pasó el 11-M.

Según informaciones de prensa y TVE, la red terrorista de Osama bin Laden estuvo detrás de estos atentados perpetrados en Madrid. Dichos ataques fueron un "ajuste de viejas cuentas" con España, a la que acusa de complicidad con Estados Unidos y Gran Bretaña en una "cruzada contra el Islam". Esta fue la época de José María Aznar del PP como presidente de Gobierno, donde este cometió la gran torpeza de aliarse a estas dos potencias tras el apoyo de las fuerzas armadas españolas a la guerra de Irak y Afganistán, sin tener en cuenta los prejuicios que podía acarrear a España, y además sin haber elaborado un referéndum para que el pueblo diera su beneplácito. A raíz de este desacierto, el PP perdió las elecciones generales el 14.03.2004, sobre todo por manifestar después del atentado que había sido la organización terrorista de ETA. Parte del pueblo español responsabilizó de esta masacre al PP y a su presidente por haber mentido.

Según algunos medios, en una entrevista televisada el 13.03.2004, **Fidel Castro** acusó al gobierno español de dicha masacre por engañar a sus ciudadanos para conseguir créditos electorales; y afirmó que el presidente español José María Aznar había sabido que un grupo islámico estaba detrás de los atentados, habiendo mentido acusando a ETA.

Pienso que no tenemos que meternos en "camisas de once varas", debemos de respetar las costumbres de vida con sus respectivas religiones de otros países –naturalmente dentro de un marco humano y democrático– a través del dialogo, del respeto, etc. para que no vuelva a suceder casos de terrorismo como los vividos en la estación de Atocha el 11-M.

Tanto las guerras como el terrorismo que cada vez más asola a toda la población mundial, es debido, no solo porque se busca una democracia total en todos los pueblos del mundo donde en muchos de ellos existe lo más infrahumano que se pueda imaginar a través de gobiernos corruptos; dictadores militaristas; criminales; entre otros de no menor grado, sino por los grandes negocios que todo esto aporta a las industrias de armamento bélico las cuales se forran de cantidades multimillonarias a través de las masacres que originan estas armas sobre los seres humanos.

Pero lo más escalofriante de todo esto, es que la culpa la tienen muchos países que dicen ser social demócratas como Europa; USA... y comunistas otros como China; Rusia... siendo todos ellos los culpables de las ventas de armas a países tercermundistas. Y a raíz de esto, ahora vienen los lamentos del terror actual que está padeciendo el mundo.

Con estas sencillas y claras declaraciones, vemos a quien debemos de culpar verdaderamente por todo lo que está sucediendo en este mundo cargado de odio y de rencor a través de muchos "delincuentes" que están en las altas esferas tanto privadas como gubernamentales, los cuales solo ven y persiguen para su propio bien personal dos cosas prioritarias: el poder y el dinero, sin importarles las víctimas que salda el terrorismo.

Resumen sobre la corrupción:

De todo lo expuesto en el apartado de corrupción, diré que la misma, sobre todo dentro de la política, es el mal uso del poder público para conseguir a través de ella una ventaja ilegítima, siendo el término opuesto a la corrupción política, la transparencia.

En estos últimos años hemos visto en la mayoría de los políticos, que tanto los unos como los otros, han hecho caso omiso de la mayoría de los problemas que tiene España, sobre todo la de los ciudadanos, los cuales siempre caen en la trampa cuando llegan las nuevas elecciones generales, a través de las promesas nefastas que ofrecen estos dirigentes demagogos al pueblo, ya que lo único que persiguen éstos es llegar a liderar el Gobierno con mayoría parlamentaria. Después una vez ganadas las mismas, las aguas vuelven a su cauce durante otros 4 años más de legislatura, y durante todo ese periodo, "si te vi no me Acuerdo". Y así legislatura tras legislatura nos seguirán engañando como si fuésemos ignorantes.

En esta última legislatura del 2011 al 2015, hemos visto mermados muchos de los derechos que los ciudadanos ya tenían de otros gobiernos anteriores por el trabajo realizado en su momento, pero ahora, con los "recortes tras recortes" que se vinieron sucediendo constantemente mediante el Gobierno del PP, el cual según hemos visto hasta la fecha, éste sólo defiende a los banqueros, "inflándoles de millones de euros para sanear la banca y a las grandes multinacionales", haciendo de la política española frente a sus ciudadanos un maquillaje totalmente aciago, ya que el mismo se descolora mediante las falacias constantes que ejercen. Como se suele decir, "ya se les ha visto el plumero", que por cierto, éste tiene ya mucho polvo, pues hay que sacudirlo y desinfectarlo.

Aunque no lo creamos y tengamos algunas libertades democráticas a medias, muchos españoles siguen aún mordiéndose la lengua sin decir lo que piensan de todos los corruptos existentes que transitan dentro del gobierno, como si tuviesen miedo a represalias como en la dictadura franquista. Naturalmente que la prensa, los medios de TV, los partidos políticos de la oposición, etc. dan sus noticias y pareceres de todo al respecto, pero no lo suficiente para hacer ver al ciudadano la máxima gravedad que está atravesando el país por culpa de toda esta mafia de delincuentes corruptos, "los cuales se hacen pasar por correctos y decentes ciudadanos" que están llevando a la nación a una destrucción masiva sin límite y sin retorno.

El 16.12.2014 veíamos en los medios de prensa *El Mundo*, un mapa interactivo de las tramas corruptas que se expanden por todo el territorio nacional, el cual recopilaba por ese entonces todos los **casos a nivel autonómico y nacional**, así como los grandes escándalos municipales de **este siglo**, centrándose en la clase política y los altos cargos vinculados a los partidos, que conformaban un 80% de los implicados, los cuales ascendían en ese momento a: **implicados: 483; condenados: 82; en prisión: 28**; más los que están bajo sospecha y que irán engrosando la lista de corruptos, pues creo firmemente que hay muchísimos más delincuentes dentro de estos partidos políticos entre otros. Los más significativos numéricamente: Andalucía con 114 implicados; Comunidad Valenciana con 99; Madrid con 72; Cataluña con 44; Baleares con 35; Melilla con 27; Canarias con 20; Galicia con 17; Murcia con 15; País Vasco con 13; Aragón con 12; Asturias con 7; Extremadura con 4; Castilla la Mancha con 3; Castilla y León con 2; y Ceuta con 1. Cantabria, Rioja y Navarra estaban en cero por aquel entonces.

Hay que acabar con todo este nido de "cobras" que están envenenando viciosamente todo el territorio español con sus "mordeduras" insaciables y peligrosas, las cuales arremeten contra todos los ciudadanos españoles, sin importarles en lo más mínimo el gran mal que plagan por toda la geografía española. Esperemos que a corto plazo la justicia acabe con todo este entramado de alimañas sin igual, y que toda la ley caiga sobre ellos por sus fechorías de corrupción.

El alud de casos de corrupción que hay en territorio nacional y los que seguirán saliendo en tiempos venideros, hace difícil seguir la pista de muchos de ellos por la complejidad de los mismos. En primer lugar, porque mientras no se restaure y cambie para bien una estructura política diferente a la actual, sin fisuras de ninguna clase, más bien genuina y transparente, no podremos avanzar mientras muchos de estos corruptos sigan en la brecha de la política como si nada sucediera; y en segundo lugar, el cambio radical y necesario que urge cuanto antes dentro del Poder Judicial, el cual forma parte de los tres poderes del Estado Español: Legislativo, Ejecutivo y Judicial.

Los principios de la Constitución Española garantiza el respeto de los mismos, esenciales y necesarios para el correcto funcionamiento del Poder Judicial, siendo estos principios: la imparcialidad, la independencia, la inamovilidad, la responsabilidad y la legalidad.

El Poder Judicial es el encargado de mantener el cumplimiento de las leyes en España mediante órganos de su competencia. Se compone de jueces y magistrados. Tiene independencia en relación a los demás poderes del Estado. No solamente se encarga de mantener el cumplimiento, sino que también aplica normas jurídicas y dicta decisiones.

El Tribunal Supremo es el último Órgano Judicial al que se puede acudir en España, aparte del Tribunal Constitucional. Al ser el Tribunal Supremo, todos los demás Órganos están subordinados a él. Según la definición del Poder Legislativo: *es el poder que hace las leyes, facultad que implica la posibilidad de regular, en nombre del pueblo, los derechos y las obligaciones de sus habitantes en consonancia con las disposiciones constitucionales.*

El Consejo General del Poder Judicial es el Órgano de Gobierno del Tribunal Supremo, el cual tiene una de las funciones más importantes dentro del Poder Judicial, y es **velar por la garantía de la independencia de los Jueces y Magistrados en el ejercicio de las funciones jurisdiccionales que les son propias frente a todos**. Entonces ¿Cómo es posible que algunos de los jueces tengan que desviarse de su cometido a la hora de dictar sentencia en contra de alguien corrupto, teniendo que cambiar la trayectoria por petición de algunos políticos? Más bien por amiguismo; por querer tapar causas de corrupción de su propio partido por petición del ejecutivo; también puede darse el caso que sea por una suculenta cantidad de dinero; etc. etc.

Como vemos, las leyes están, pero no se respetan las mismas cuando se trata de encubrir a malhechores políticos, sobre todo a corruptos del mismo Gobierno. No nos olvidemos lo que hicieron con el juez Baltasar Garzón que fue expulsado de la carrera judicial tras haber sido condenado por el Tribunal Supremo a once años de inhabilitación por un delito de prevaricación durante las escuchas del caso Gürtel; el propio Fiscal General del Estado señor Eduardo Torres-Dulce, que dimitió por no estar de acuerdo con lo que le querían dictar; al juez Ruz, que deseaban apartarlo de ciertos sumarios sin haberlos concluido; y otros muchos más que de investigarlos y nombrarlos nos daríamos cuenta, que quien mueve los hilos de España es el Gobierno en funciones, los cuales no respetan las leyes.

Creo que hasta ahora solo hemos podido destapar en nuestro país un pequeño porcentaje de la corrupción en lo que va de este siglo XXI, ya que si pensamos que la mayoría de estos corruptos pertenecen a todas las entes políticas, faltan aún muchos de ellos, o sea, supuestamente gran parte del Gobierno en funciones, sin olvidarnos de los enlaces que estos tienen y que seguro abarcan gran cantidad de los mismos, como pueden ser: empresas; multinacionales; amigos; familiares; etc. es decir, una jungla aún más de "corruptos feroces" los cuales están haciendo de España un burdel de ladrones y mangantes vividores.

Todos estos políticos han sido votados por el pueblo español para que solucionen los problemas de España y ayuden a los ciudadanos a tener todos los derechos, tanto laborales, económicos, sociales, culturales, sanitarios, etc. dignos de todo ser humano, y no para hacerse pasar por "actores cinematográficos sobre la alfombra roja" entre demagogias nefastas y utópicas para seguir cubriéndose sus propias espaldas, olvidándose de su cometido.

Ahora el caso Gürtel (cinturón en alemán) ha sido pospuesto por la Audiencia Nacional para después de las elecciones generales en noviembre de 2015, o sea, seguramente se reabrirá el mismo para el 2016, y además sin concretar aún la fecha. ¿Cómo es posible que el Poder Judicial haya hecho esto? ¿No estará detrás de todo esto supuestamente el Gobierno, para que el PP tenga un balón de oxigeno para sus aspiraciones electorales? No es de extrañar, ya que después de todo lo que llevamos vivido con todos estos corruptos, "yo pondría mi mano sobre el fuego y no me quemaría" de que así es.

Después de tantos años de dictadura franquista, de tanto sufrimiento del pueblo español, de tanta lucha para conseguir unas libertades democráticas que creíamos iban a cambiar el rumbo de España, entre otras cosas, vemos ahora como las ilusiones de los ciudadanos se han ido muy lentamente mermando, llegando a una frustración total de nuestros políticos que tanto nos prometieron y en los cuales pusimos todas nuestras esperanzas para un cambio radical en el país, pero como hemos visto en estos últimos quince años, para mal desgraciadamente.

¡Acabemos con todo esto! Pienso que el pueblo tiene que estar unido para acabar con toda esta banda de corruptos. No debemos nunca de olvidar, que el pueblo es el que decide, es el soberano de todo y para todo.

La corrupción se está imponiendo en la sociedad de una manera degradante y escandalosa, alcanzando niveles de gran magnitud, con lo cual a este paso llegaremos con el tiempo hasta "elaborar una ley que se acepte y se respete la misma" y esto sería el mal de todos los males para el país y para la democracia, por culpa de todos estos corruptos que han implantado esta corrupción cancerígena. Me hiere cuando de la boca de estos corruptos nombran la palabra "democracia" escudándose en ella, pues pienso que es un insulto más hacia la misma y hacia toda la sociedad en su conjunto, que estos mangantes vividores y corruptos hagan uso de ella.

Hagamos todos un esfuerzo para mantener y aumentar para bien esta joven democracia que tanto nos costó llegar a ella. No nos rindamos.

Después de leer muchos de los comunicados que se escriben sobre la putrefacción que constantemente nos acecha, creo que la exposición que corresponde de una manera concisa, directa y transparente, sería:

La corrupción es el mal uso o el abuso del poder público para beneficio personal y privado, ya que utiliza los privilegios adquiridos a través del pueblo que en su momento les votó para su cargo, otorgándoles a estos la plena confianza para desarrollar una buena política para la nación. Esta es en sí una manifestación de las debilidades institucionales, bajo estándares morales, incentivos sesgados y falta de aplicación de la Ley. El comportamiento corrupto deriva beneficios ilícitos a una persona o grupo pequeño al ignorar reglas que han sido diseñadas para garantizar la imparcialidad y la eficiencia. Produce resultados injustos, ineficientes y antieconómicos. Las recompensas ilegales para un grupo pequeño que rompe las reglas, se producen a expensas de la comunidad en general.

Esta contaminación política comprende una alta gama de delitos, como el desfalco de fondos públicos entre otros de no menor interés. Se refiere tanto a actividades realizadas en el territorio nacional como en el extranjero, puede escenificarse en el sector público o privado. También puede implicar en el soborno de autoridades del sector público, de mayor o menor rango, nacionales o extranjeros. Es posible también que suponga desfalco, malversación de fondos, u otra desviación de bienes por un funcionario público o un empleado de una empresa privada.

A parte de estos delitos, el término corrupción abarca nepotismo en materia de contratación de personal y ascenso en el sector público. Existen más delitos que se relacionan directa o indirectamente con la depravación entre ellos el blanqueo del producto de corrupción "parte clave de la ecuación" al igual que la complicidad en la corruptela y la obstrucción de la justicia. Esta no es solo responsabilidad del sector oficial, del Estado o del Gobierno de turno, sino que incluye muy especialmente al sector privado, en cuyo caso estamos ante una corrupción empresarial o de tráfico de influencias entre el sector privado y el público.

De todo lo explicado, deduzco que la exposición de la corruptela la podemos definir simplemente como una ecuación algebraica, en la cual entran a formar parte varios factores diferentes, pero enlazados todos ellos entre sí (Tráfico de influencias, extorsión y fraude, prevaricación, malversación, etc.), dando paso final como resultado de todos estos componentes a ***la corrupción****.*

******

Corruptos

Corruptos los muy chorizos,
muchos en el gobierno están,
se aprovechan del mandato,
ese que el pueblo les da.

Pagas, sobresueldos,
chofer, viajes y dietas,
aun sin tener bastante,
de facturas y tarjetas se aprovechan.

Presentando éstas por regalos
de otros ilustres de afuera,
quedándose ellas y ellos con todo
sin que nadie les entorpezca.

Otros quieren al mejor pintor
que les pinten un óleo de su retrato,
para que el estado lo pague
y así el bribón después quedárselo.

Sinvergüenzas y rateros
es lo que hay en este país,
antes lo tenían tapado,
pero ahora todo comienza a salir.

Poema a todos los españoles.
Del escritor, poeta y compositor Carlos Ortega Serrano

7

SEPARATISMO

Hay algunos "señores" de algunas comunidades españolas que quieren la separación, o sea la independencia de España. Y, ¿Quiénes son estos individuos? Son los que de alguna manera quieren dejar huella después de muertos, o sea, quedando como célebres mártires que lucharon por su región alcanzando la liberación de la misma, ya que como no consiguen por sus propios medios otras cosas de mayor valor como personas coherentes, hostigan a las masas demagógicamente como hacían otros conocidos y corruptos dictadores a través de la historia para lograr la confusión de aquello que se proponen, alimentando el odio emocionalmente con promesas equívocas y toda clase de artimañas y falacias.

Estas dos Comunidades separatistas españolas, bien conocidas por todos los españoles, son el País Vasco y Cataluña.

El País Vasco:

Algunos tipos asesinos e indeseables de la organización terrorista ETA (Euskadi Ta Askatasuna) que es igual a (País Vasco y libertad), y varios de sus ignorantes seguidores, queriendo desde hace mucho tiempo llegar a la independencia de esta región por razones políticas del pasado, sembrando la confusión y la muerte, ya que hasta la fecha esta organización terrorista en sus 50 años de historia ha asesinado a

829 víctimas según el Ministerio del Interior, aunque no se descarta que hayan sido más las asesinadas.

Bien es cierto que muchos cabecillas de esta organización han sido capturados y metidos en prisión, pero sin desechar la posibilidad de que algunos de los dirigentes de esta organización terrorista hayan sido y sean gente de la política vasca, los cuales vilmente se hacen pasar por personas honradas y honestas dentro de esta sociedad los que prepararon y dirigieron a estos terroristas, sin saber la mayoría de ellos quienes son o fueron los máximos artífices de este comando ETA. Lo peor de todo, es que hoy por hoy aun no se sabe quiénes pudieron ser estos altos dirigentes, y sigan disfrutando de la libertad sin ser aprehendidos y castigados por la justicia.

Pero la gota que colma el vaso, es que ahora con las nuevas disposiciones del *Tribunal Europeo de Derechos Humanos (TEDH)*, hace tumbar la llamada *doctrina Parot*, lo que supuso la excarcelación de decenas de etarras, conmutando también el tiempo de condena cumplido en Francia, generando con esta acción una enorme indignación en distintos sectores sociales.

La "doctrina Parot" es una norma jurídica que lleva el nombre de un terrorista de ETA: Henri Parot. El criminal presentó un recurso al Tribunal Supremo de España ante la negativa de la Audiencia Nacional a convertir en una sola sus 26 condenas. El Supremo lo rechazó el 28.02.2006, y sentó las bases de la doctrina.

Esta decisión creó jurisprudencia, es decir, se convirtió en Ley. A partir de ese momento se empieza a aplicar la doctrina Parot a todos aquellos presos condenados con el Código del 73 y con condenas largas (superiores a 30 años). A Henri Parot le habían sido imputados 82 asesinatos, que le supusieron 26 sentencias condenatorias con las que sumó casi 4.800 años de prisión.

¿Qué es la doctrina Parot?:

La doctrina Parot fue introducida en 2006 por el Tribunal Supremo y establece que las redenciones de pena deben aplicarse sobre el total de las condenas impuestas y no sobre el máximo legal permitido de permanencia en prisión que, según el ya derogado Código Penal de 1973, es de 30 años. De este modo se evitó que numerosos etarras o delincuentes graves quedasen en libertad mucho antes de agotar su condena.

El 21.10.2013, el Tribunal Europeo de Derechos Humanos (TEDH) dictó una sentencia que anula la aplicación de la doctrina Parot.

Al respecto tengo que decir, que estos señores de la ley y del Gobierno, no quieren hacer apología del terrorismo, pero la hacen llamar "doctrina Parot", o sea, con el apellido de un asesino etarra. ¡Qué patético país!

Según informaba El País el 05.12.2014, la resolución de la sección primera deriva de una normativa europea del año 2008 sobre reconocimiento de sentencias penales entre Estados miembros de la Unión Europea (UE). El pasado 13.11.2014, una ley orgánica incorporó esta norma comunitaria al derecho español, aunque la misma no entró en vigor hasta 20 días más tarde, es decir, hasta el pasado 3 de diciembre del mismo año. Siguió diciendo El País.

Pienso que dicho *Tribunal* de Estrasburgo, no tiene derecho a inmiscuirse en problemas internos de España de este calibre, sobre todo cuando se trata de terroristas criminales que segaron cientos de vidas inocentes. Yo no soy partidario de la pena de muerte, pero estos asesinos tendrían que ser castigados para el resto de sus días pudriéndose en la cárcel y a trabajos forzados, pero no, ya que aunque tengan cientos o miles de años de condena por las penas que les han impuesto, lo máximo que están en prisión son 30 años según la ley, y encima, a este tiempo se les aplica el cómputo de redención de penas por su buena conducta, o sea (un día menos en la cárcel por cada dos de trabajo en ella), teniendo al final un máximo de castigo de menos de 20 años.

El tiempo máximo de permanencia en prisión según el Código Penal de 1973 es de 30 años.

El artículo 25 de la Constitución dice que las penas estarán orientadas hacia la reinserción social del condenado. La idea de la pena está concebida más bien como un remedio para curar al reo y devolverle a la sociedad, que como un puro castigo.

Todo este terrorismo de ETA que se vino practicando en el país vasco y en el resto de España, vino dado desde la Guerra Civil Española, del odio hacia el dictador por las atrocidades que este consintió, siendo la más principal entre otras la casi destrucción en su totalidad del pueblo de Guernica por la aviación germana con el consentimiento de Franco.

La destrucción del pueblo de Guernica a través del bombardeo **(Operación Rügen)** el 26.04.1937 del ataque aéreo de la *Luftwaffe* (en alemán **"arma aérea"**) como parte de la *Wehrmacht* (en alemán **"Fuerza de Defensa"**) con sus modernos aviones (**Junkers Stuka Ju-52;** los **Messerschmitts BF-109;** y los cazas **Heinkel He-111**) por la Legión Cóndor germana, y la Aviación Legionaria italiana con los (**Savoia-Marchetti SM 81**) por petición de Franco contra el Gobierno de la Segunda República Española en la Guerra Civil; el sufrimiento del pueblo vasco como el de toda España; la dictadura franquista durante 39 años; los fusilamientos en esa guerra cruel y estúpida; las últimas 5 ejecuciones por fusilamiento del régimen franquista el 27 de septiembre de 1975 en Madrid, Barcelona y Burgos… todos estos sucesos y otros más, han traído consigo estas ideas de rencor, terror y odio separatistas.

Como nota quiero comentar, que la pena de muerte en España quedó abolida por el artículo 15 de la Constitución de 1978, exceptuando "lo que puedan disponer las leyes penales militares para tiempos de guerra". Más tarde con la ley orgánica, 11/95 del 27 de noviembre, también fue abolida para tiempos de guerra.

Pienso que todo esto ha dejado una estela de dolor inmenso en las familias, en nuestros seres más queridos, pero no tenemos que alimentarnos emocionalmente de odio, ya que los tiempos que actualmente corren son otros. Tenemos más libertades, ya que estamos viviendo una democracia joven, la cual nos la hemos ganado a pulso durante tantos años de lucha y de espera. No debemos bajo ningún concepto volver al pasado.

Y yo digo, ¿**Si estos tipos no sueltan el pasado, con qué mano quieren agarrar el futuro**?

Después de mucha lucha y de diálogo con esta organización, ETA declaraba el 20 de octubre de 2011 su renuncia a la actividad armada. Esperemos que esto sea ya de una vez por todas definitivamente, aunque no debemos de bajar la guardia, ya que en otras muchas ocasiones pecamos de incrédulos confiándonos demasiado de estos asesinos al creer que la lucha armada iba a acabar por las varias conversaciones que hubo con ellos para que dejasen las armas, pero que siguieron haciendo de las suyas.

Hoy, después de casi 4 años de "tranquilidad terrorista", vemos que la lucha sigue de otra manera, o sea, obstinados los partidos nacionalistas vascos por independizarse de España.

Teniendo en cuenta la disparidad de formaciones políticas de posturas ideológicas existentes, ya que de exponerlos a todos necesitaríamos varias páginas para describirlos con toda su historia y estructura, solo citaremos algunos de ellos:

(**EAJ-PNV**): Partido Nacionalista Vasco y considerado el primer partido del nacionalismo vasco, fundado en 1985 por Sabino Arana Goiri.

(**EA**): Eusko Alkartasuna *solidaridad vasca* en castellano y fundado por el lehendakari Carlos Garaikoetxea en 1986 como escisión del PNV.

(**Sortu**): *Surgir o crear* en castellano y fundado en 2011 por sectores independientes de la *izquierda abertzale,* ilegalizada en España en 2003.

(**Batasuna**): *Unidad* en castellano. Surge en 2001, ilegalizada en España en 2003 por su vinculación con ETA.

(**Bildu**): *Reunir(se)* en castellano. Coalición de Eusko Alkartasuna, formada en 2011y de ideología independentista, nacionalista, soberanista y de izquierdas.

(**Amaiur**): Coalición formada por los integrantes de Bildu más Aralar, que se presentó a las elecciones generales de 2011.

Como ven, no merece la pena bajo ningún concepto nombrarlos, ya que sería una pérdida de tiempo mencionar a ciertos partidos y sujetos nocivos.

Si contásemos todos estos partidos, entre los oficiales y los que han sido ilegalizados, tendríamos aproximadamente unas 27 formaciones políticas de tipo nacionalista y separatista en la comunidad vasca. ¡Qué barbaridad!

En alguno de estos partidos hay presuntamente personas que han pertenecido a la organización terrorista vasca de ETA, siendo esta la razón por la cual alguno de ellos han sido ilegalizados por estar vinculados o pertenecer a dicha banda, como: Batasuna, Sortu y otros más conocidos, los cuales las "matan callando" como se suele decir.

¿Qué es lo que se proponen y quieren exactamente algunos de estos individuos separatistas? ¿La división de España? Si es así, entonces que se vallan a buscar a sus antepasados y a su propio territorio del cual salieron hace milenios, y si no lo encuentran, que exploren otro nuevo fuera de España para la fundación de *Las Vascongadas-2*. Es irónico lo dicho, pero es una realidad, ya que el que no esté de acuerdo con pertenecer a su nación, lo único que tiene que hacer es marcharse de ella, pero de ahí a querer la independencia de una región de España, hay un gran abismo.

Yo por razones de otra índole me ausenté de España muy joven durante casi 50 años, una de ellas por ejemplo fue para viajar y ver mundo, pero cuando llevaba más de un año fuera, me di cuenta que había hecho muy bien en marcharme, ya que me fui instruyendo a través de los estudios, de los tantos viajes que hice, conocimientos de muchas etnias, etc. por el régimen dictatorial en el cual estaba España sumergida, pero no por eso quería que mi comunidad fuera independiente del resto del país, pues sabía que tarde o temprano cuando el dictador Franco muriese, comenzaría otra época de esplendor como lo es la democracia, la cual es la que actualmente tenemos y debemos mejorar y cuidar para no volver a los pasos de antaño. Creo que deberíamos trabajar todos en conjunto para un bien común y dejarnos de distocias utópicas y necias. (Distocia: f. Med. Parto difícil).

El origen de la lengua y etnia vasca de aquel pueblo a quienes los celtas pusieron el nombre de vascones (barscunes que en lengua celta significa: los de lo alto o los de la cima) y a quienes los romanos describieron como guerreros salvajes de razas varias y de lengua y costumbres diferentes en todo a los pueblos celtas de la zona (180 años a C). Hoy por hoy no se sabe con exactitud su procedencia. La mayoría de los expertos creen y están de acuerdo que es una lengua unifamiliar, es decir, que no está relacionada con ninguna otra lengua en el mundo. Es por lo tanto, una lengua no indoeuropea. Algunos estudios relacionan el origen de ésta con las lenguas bereberes del norte de África.

******

Cataluña:

Cataluña es la segunda región española en auge al separatismo de algunos ignorantes políticos los cuales están empujando e infectando al pueblo catalán con una demagogia aciaga y barata fuera de la realidad.

El seguimiento de algunos ciudadanos catalanes hacia estos partidos nacionalistas, lo hacen por el lavado de cerebro del que han sido objeto, sometidos por estos dictadores, inculcándoles falsas promesas y esperanzas; otros porque se ven en situaciones precarias sin trabajo ni alimentos; otros delincuentes que se aprovechan de la confusión existente pasándose al bando de estos grupos separatistas; algunos desahuciados de sus viviendas por no poder pagar la hipoteca por encontrarse en paro; etc. y así de esta manera tan frágil de estas gentes que se encuentran en esta situación tan precaria, los embaucadores hacen su agosto engañando a los ciudadanos catalanes.

Todas estas personas que siguen a estos cabecillas sin escrúpulos de toda esta banda de charlatanes dictadores, ¿No se dan cuenta que estos "tipejos" están queriendo implantar las confusiones oportunas para conseguir lo deseado y seguir una política nefasta que llevaría a los catalanes a la autodestrucción? "No se puede ofrecer cosas incumplibles al pueblo catalán por parte de alguno de estos políticos separatistas y corruptos".

Yo les diría a estos "personajes separatistas", que si tanto odian a España siendo ellos mismos españoles, que se vallan del país en busca de la tierra prometida como hicieron los judíos en su día, y cuando la encuentren, entonces podrán marcharse de España de una vez por todas e inaugurar y festejar la nueva "Catalunya dos".

Pienso que la intención de todos estos ex presidentes de la Generalidad de Cataluña hasta nuestros días, fueron siempre llegar al cisma de Cataluña con el resto de España, sobre todo el que está actualmente como ejecutivo de la misma, ya que tiene una visión nefasta por completo de la convivencia y el respeto hacia la patria, y por lo tanto él junto con sus amigos cabecillas, sean exiliados o encarcelados por no respetar la Soberanía y la Constitución Española. A estos sujetos que buscan la confusión entre los ciudadanos, no se les debe de escuchar, sino de juzgarles y meterles en prisión por no acatar las leyes correspondientes, pues de esta manera se acabaría todo este entramado que han organizado en contra de España.

El día 8 de abril de 2014 se hicieron las votaciones en el Congreso de los Diputados sobre la consulta soberanista ilegal que el ejecutivo y sus simpatizantes fanáticos de Cataluña querían hacer, con un resultado de 299 votos en contra, 47 a favor y una abstención sobre la propuesta de la consulta soberanista catalana. Y como cabía de esperar, La Constitución frenó la consulta, rechazando totalmente la misma. Ese mismo día como en otras ocasiones, el presidente de la Generalidad de Cataluña Artur Mas, no se presentó en el Congreso de los Diputados en Madrid para asistir al dicho debate. Este señor con esta actuación de no presentarse como todos los demás políticos hicieron, dio muestras de ser un personaje sin principios éticos ni de maneras. Yo diría que tanto él como los otros cabecillas que le siguen, son unos conspiradores a la corona y a España.

A mí no me coge de sorpresa la actuación de este individuo como "Presidente de la Generalidad de Cataluña", ya que aparte de los pocos principios que se han visto en él, se ha comprobado en todos los reportajes que le hacen en castellano, casi siempre contesta en catalán. Con esta actuación vemos la poca seriedad y educación que profesa. Lo que no entiendo, es que, ¿Cómo los medios a sabiendas que esta clase de individuos hablan en su "lengua" les hacen estas interviús? Yo por mi parte les dejaría en ridículo con la palabra en la boca al ver que no lo hacen en castellano.

¿Qué entienden estos tipos por Democracia? ¿Hacer lo que les venga en gana sin respetar La Constitución de un país entre otras cosas? Hay un orden y unas prioridades que se tienen que tener en cuenta dentro de la política de un país por el bien de todos, pero querer acabar con el sistema actual de La Constitución Española, sería una barbaridad, ya que gracias a la misma hemos podido edificar lentamente en España una aún joven democracia, consolidando ésta entre el respeto mutuo de todos.

Todos estos fulanos que quieren implantar su política de forma dictatorial, deben de ser anulados de sus cargos y nunca más actuar en partidos políticos como dirigentes demagogos, ya que son los que influyen en toda clase de revueltas para mal de todos los españoles. Y digo esto, porque todo mandatario que no respete las leyes que están dentro del contexto de La Constitución Española, queriendo hacer la disección de Cataluña sobre el resto de España, son a mí entender dictadores. El pueblo les votó, de acuerdo, pero no para seccionar al país, sino para gobernar con sano juicio, pero tal y como están actuando, creo que no lo tienen.

La consulta soberanista no tiene validez si se hiciera, ya que va en contra de La Constitución Española. Si ésta se produjera estando todos los españoles de acuerdo bajo un referéndum, entonces tendría que ser a nivel nacional y no solo de la comunidad catalana.

Pienso que el presidente de la Generalidad de Cataluña y sus compañeros de aventura y tertulia, deberían de "bajarse del burro" de una vez por todas y dedicarse de lleno a resolver los problemas catalanes como las demás comunidades españolas hacen, y dejar de jugar a separatistas, de lo contrario tendrán que atenerse a las debidas consecuencias.

Dialogar para mejorar y reformar la constitución actual y ponerla más moderna después de 37 años de su comienzo, sí, por ejemplo: avanzar sobre un modelo Federalista como el alemán, entre otros, pero para hacer una escisión dentro del territorio español, eso nunca, ya que estaríamos hablando entonces de independencia, y eso, ni el Gobierno y ningún español lo va a consentir, se pongan como se pongan estos "señores". Hay que tener más sano juicio y no lo que estos tipos quieren imponer, pretender esta aberrante doctrina separatista, pretendiendo un Estado Federal propio y exclusivo.

Creo que se les ha dado mucho vuelo a estos tipos de ideología separatista desde que entró la Transición Española con la muerte del dictador Franco el 20 de noviembre de 1975, siendo sus primeras elecciones democráticas en España el 15 de junio de 1977 y la Constitución Española el 29 de diciembre de 1978.

En varias comunidades de España, ponen en las autopistas y demás carreteras los nombres de ciudades, pueblos, salidas y otros en su lengua, dialecto o bable. También en algunos museos y monumentos, las explicaciones están solamente en el idioma de esa comarca española y en otros idiomas extranjeros, menos en castellano. ¿No les parece vergonzoso?

En las escuelas catalanas el "idioma catalán" está en primera línea y el español en segundo lugar, y en otros el castellano no existe, cuando tenía que ser al revés, o sea, el castellano por ley, y el otro como una asignatura más, impartiéndola un par de veces a la semana para no bloquear ni frenar otras en castellano de mayor importancia.

Cuando los extranjeros vienen a pasar sus vacaciones, se quejan de no comprender cuando les hablan en gallego, vasco, catalán u otros, ya que ellos han estudiado español o algo de él, y ahora se encuentran con el problema de no entender nada. Es incalificable todo lo que está sucediendo dentro de nuestra patria, ¿Hasta donde hemos llegado con el separatismo? ¿Piensan estas personas que al tener una democracia se puede hacer lo que uno quiera?

No me extraña en absoluto lo grande en su esplendor que fue España a lo largo de su historia a través de los tiempos, y a donde hemos caído, perdiendo todas nuestras colonias, las cuales se fueron independizando por los mismos españoles, traicionando estos a la corona y a su misma patria, entre la masacre, el robo, la piratería, la traición, las políticas mal encaminadas y dirigidas… no somos un pueblo unido, la prueba de ello la hemos tenido en el pasado y ahora la tenemos en el presente.

Y por estos hechos que acaecieron y siguen sucediendo, estos tipos violentos de ideas endogámicas, hostigadores de estas dos Comunidades Autónomas, entre improperios constantes en contra de España, deberían ser castigados, llevados a la cárcel y ser procesados por conspiración e intento de sedición a la patria. La mala semilla hay que cortarla de cuajo para que no evolucione, valga la redundancia.

Mientras todas las naciones de Europa se unen para abrir sus fronteras y ser una Unión Europea fuerte y libre en todos los ámbitos, tanto en lo sociocultural, industrial, militar, político, etc. estas dos Comunidades Autónomas de España, tratan de separarse de la misma a través del terrorismo y de demagogias ignorantes de tipo dictatorial y fascista, cargadas de engaños y de falsas promesas, las cuales pueden llevar a la autodestrucción de sus propias Comunidades y de sus ciudadanos.

¿No será que como no consiguen llegar a tener altos cargos en el Gobierno de España o más bien la presidencia de la misma, estos sujetos lo quieren ser al menos de sus Comunidades correspondientes a través de la independencia, para de esta manera ser ejecutivos más tarde de su propia "nación" por la vía más rápida y fácil? Pienso que la oligarquía en esta Europa libre y democrática ya no tiene cabida para la misma, pues quedó abolida gracias al esfuerzo y lucha de todos hace ya mucho tiempo.

Me quedé perplejo al escuchar al Presidente de la Generalidad de Cataluña el 07.05.2014, cuando dijo a través de los medios, que era una falta de respeto y educación que el Presidente del Gobierno no le aceptara una entrevista para dialogar. A lo que el Ejecutivo de España le respondió, que él estaba abierto para todo dialogo, pero no para dialogar sobre la consulta soberanista de Cataluña, ya que esto iba en contra de la Constitución Española y a la fracturación de España, con lo cual no estaba dispuesto a departir con él sobre dicho asunto. Y yo pregunto, ¿Quién es el que no tiene principios de ética, educación y respeto cuando este "señor" habla, pregunta y responde en catalán y no en castellano como debiera ser?

En toda la prensa nacional e internacional leemos el 01.10.2014:

El Tribunal Constitucional español prohibió el referéndum catalán para el día 9 de noviembre de 2014, suspendiendo la consulta de autodeterminación catalana pocas horas después de que el Gobierno español decidiese apelarla por considerarla inconstitucional.

Este fue un paso más para paralizar la consulta soberanista en esta región catalana en la que ha crecido el sentimiento independentista en los últimos años por nacionalistas corruptos y traidores a la patria de España que empujan a sus ciudadanos con promesas nefastas y falacias para este fin. Naturalmente de unos pocos, ya que Cataluña a finales del año 2014 tenía cerca de 7.600.000 habitantes, y los seguidores de estos demagogos nacionalistas que acudieron a este acto el día 11.09.2014 (Diada de Cataluña), se cifró por estos en cerca del millón y medio de personas, cuando en realidad solo fueron 600.000 las que asistieron a esta manifestación, según fuentes gubernamentales.

Con esto quiero subrayar, que en principio, los seguidores catalanes hacia la independencia son una minoría frente a la total población catalana, y en segundo lugar, frente a los más de 47 millones de habitantes que tiene España, pues no hay que olvidar que la soberanía nacional la debe de discutir todo el pueblo español y no solamente la comunidad catalana.

Después de la primera impugnación por parte del Gobierno, los nacionalistas catalanes no se rindieron, y buscaron otra forma más estratega para hacer dicha consulta. De nada les valió, ya que el ejecutivo volvió a impugnar la nueva consulta del 9- N.

La consulta que las fuerzas políticas nacionalistas y el Gobierno de la Generalidad que convocaron por segunda ocasión para el día 9 de noviembre, tenía los mismos elementos de inconstitucionalidad que la que fue paralizada la primera vez en el mes de septiembre del 2014 por el Tribunal Constitucional.

Aunque la consulta fue paralizada por el Tribunal Constitucional, estos nacionalistas separatistas siguieron en la brecha haciendo caso omiso a la prohibición mediante una circular en catalán a través del correo electrónico de Internet a los alcaldes para que colaborasen con las salas de los ayuntamientos, entre otros locales para la consulta del 9-N, y de esta manera no dejar rastro y evitar una vez más otra impugnación. Me reservo de exponer dicha circular, ya que la misma no estaba escrita en "cristiano" como se suele decir.

Y como cabía de esperar, el día de la consulta 9 de noviembre, sólo votaron menos de un tercio de los más de 7 millones de la ciudadanía catalana. Esto significa, que dicha consulta fue un fracaso total, ya que la gran mayoría de los catalanes no quieren aventurarse a la escisión. Dicho de otra manera, dichas consultas no tienen validez alguna, ya que no representan al pueblo español. Después de lo sucedido, de no haber respetado la prohibición que impuso el Tribunal Constitucional para que no hicieran la consulta soberanista estos elementos separatistas, sucedió lo que se esperaba, se les imputó por desobediencia. Esperemos que sean juzgados y castigados todos estos sujetos y se les prohíba de por vida trabajar en el campo de la política.

El 21.11.2014, el fiscal superior de Cataluña firmó y entregó ante el Tribunal Superior de Justicia de Cataluña (TSJC) la querella que le llegó de la Fiscalía General del Estado contra el presidente de la Generalidad, Artur Mas, la vicepresidenta, Joana Ortega, y la consellera de Educación, Irene Rigau, por el 9-N.

Creo que faltan muchas personas más las que desobedecieron por este acto de rebeldía y traición, como lo son todos los partidos nacionalistas. ¡Qué vergüenza! ser traidores a su propia patria, teniendo abandonada a Cataluña por completo, de tener todo el tiempo de este mundo para independizarse del resto de España, olvidando los problemas propios de la comunidad catalana que no son pocos que digamos. ¡Mejor se ponían a trabajar para solucionar los asuntos negativos que concierne a su propia comunidad y a sus ciudadanos, y se desentendieran de querer dejar "huella nefasta" como mártires corruptos en esta era, en la cual no hay cabida para el hostigamiento, el fraude y la oligarquía!

Pienso que todo esto que está sucediendo en España se debe a la poca unión que hay en este país. Solo hay separatistas, sobre todo en estas comunidades de Las Vascongadas y de Cataluña, en las cuales hay algunos dirigentes traidores a España que lo único que quieren es la fracturación de la misma, empleando toda clase de artimañas para originar el odio y confundir a sus ciudadanos como bien dije anteriormente. Así nunca levantaremos la cabeza, al contrario, quedaremos relegados en últimas posiciones de la Comunidad Europea.

******

Oscura

Oscura la tarde caía
agonizando el crepúsculo,
el que naciera de día
marchándose hacia lo oscuro.

Oscuridad tenebrosa
la cual la vista me hiere,
por tanta poca vergüenza
de corruptos que España tiene.

Llena veo a mi patria
de vividores y de golfos,
los cuales no tienen bastante
de mentiras y de todos sus robos.

Mangantes de poca monta
sin escrúpulo alguno,
arrastrando a la nación
a un sitio más oscuro.

No saldremos de la tormenta
de este agujero negro,
el que construyeron con malicia
para hacerse libremente con saqueos.

Poema a todos los españoles.
Del escritor, poeta y compositor Carlos Ortega Serrano

Corrupción en Cataluña:

Cataluña es una comunidad donde hay mucha corrupción, no solamente la empresarial, sino también la de muchos dirigentes políticos, los cuales se hacen pasar por "corderitos mansos", pero más bien son "lobos hambrientos".

Según los medios, esta comunidad es la peor gestionada de España, pues la Unión Europea sitúa a ésta como una de las regiones más corruptas de toda Europa, a la altura de algunos territorios más corruptos y opacos, como Italia, Grecia y las repúblicas ex-soviéticas.

En cuanto a países, España se sitúa en el puesto 13 de la UE, según este mismo ranking. O sea está en la mitad de la tabla, por detrás de Malta, Bélgica y Francia, y por delante de Portugal, Chipre y Estonia. Los que se llevan la peor puntuación en esta materia son Rumanía, Bulgaria e Italia. Sin embargo los escandinavos y anglosajones son los que disfrutan de las administraciones más limpias, eficientes y transparentes. Los que encabezan la lista son, Dinamarca, Suecia y Finlandia.

De un total de 172 regiones, Cataluña ocupa el puesto 130 en el ranking europeo de limpieza y eficiencia pública, siendo la región más corrupta de España y una de las peor gestionadas de toda la UE, según revela en el 2014 la propia Comisión Europea.

En los últimos meses, el reguero de escándalos políticos y corruptelas que han afectado de forma directa a la Generalidad catalana y, en concreto, a la formación nacionalista del actual presidente de dicha comunidad, ha sido muy amplio, sobre todo en esta última década.

Podemos citar por ejemplo algunos de los casos de mayor interés, como puede ser, el **caso Palau** y la presunta trama de financiación irregular en torno a CIU; el **caso Pallerols**, un asunto de corrupción ligado a la financiación ilegal de Unión Democrática de Cataluña (UDC) que se remonta a 1994; la trama de las ITV, afectando de lleno a la familia del que fuera Presidente de la Generalidad de Cataluña (Jordi Puyol) durante 23 años (08.05.1980-20.12.2003), de orientación independentista catalana, aunque históricamente fue nacionalista catalán, siendo imputado su hijo Jordi Puyol Ferrusola (Diputado del Parlamento de Cataluña), el cual fue secretario general de Convergencia Democrática de Cataluña (16.11.2003-14.07.2014) por posible tráfico de influencias, dimitiendo éste de todos sus cargos como diputado entre otros, 16 meses más tarde de su imputación el 14.07.2014, afirmando su retirada para "no perjudicar" el proceso soberanista, según la prensa del 15.07.2014.

También quedó imputado el padre de éste, el anterior ex presidente de la Generalidad de Cataluña Jordi Puyol, por fraude a Hacienda, y a la ex esposa de su hijo Mercedes Girones Riera por blanqueo de capitales en las diligencias que tiene abiertas sobre sus negocios y que destapó su ex novia María Victoria Álvarez, estando ya Jordi Puyol Ferrusola hijo del ex presidente, imputado por el mismo delito.

Datos de la prensa afirman, que el hijo movió 32,4 millones de euros en 13 países entre los años 2004 y 2012. Y amén de lo que no sabemos de todo el clan familiar.

Es patético y vergonzoso que este individuo nacionalista y separatista, (de tal palo tal astilla), haya dimitido después de casi año y medio de su imputación con dicha alegación. ¿Necesitó tanto tiempo para pensárselo si dimitía o no? ¿O más bien Se lo mandó el actual Presidente de la Generalidad de Cataluña Artur Mas como estrategia? Pero no me extraña nada en absoluto, ya que el actual Presidente de la Generalidad siempre fue un alumno acérrimo de su patriarca Jordi Puyol el cual le traspasó la enfermedad del separatismo, y que gracias a él está donde está.

Pienso que cuando se hace algo malo, todo político debe de dimitir, no solo cuando se le imputa, sino cuando ya hay rumores negativos en contra del sujeto. A mí personalmente me dan náuseas de todos estos tipos corruptos e indeseables que actúan ayudándose los unos a los otros como bandas organizadas de mafiosos, los cuales se escudan a través de sus entes políticas para seguir apropiándose de lo que es del pueblo.

Pero esto no acaba aquí, pues a través de la prensa hemos leído el 27.07.2014 la gran noticia, la imputación del ex presidente de la Generalidad de Cataluña **Jordi Puyol**, llegando a este escándalo como "la gota que colma el vaso" hasta ese momento.

El **Sindicato Manos Limpias** decidió llevar a los tribunales a (Jordi Puyol) por la presunta comisión de seis delitos, por mantener, como confesó él mismo el viernes 25.07.2014, dinero no declarado en el extranjero desde el año 1980. Dicho sindicato presentó una denuncia en los juzgados de Instrucción de Barcelona contra el presidente de honor de **CIU**, en la que también pidió al juez la imputación de su esposa (Marta Ferrusola), al considerarla "cómplice y encubridora" de los delitos que se imputan al ex mandatario catalán por delito fiscal, cohecho, tráfico de influencias, blanqueo de capitales, prevaricación, malversación de caudales públicos y falsedad en documento público.

En su denuncia el sindicato recordó, según recogió *Europa Pres,* que el diario ´El Mundo´ publicó en noviembre de 2012 un informe de la Unidad de Delincuencia Económica y Fiscal (UDEF) del Cuerpo Nacional de Policía en el que se apuntaba a la existencia de una cuenta con 137 millones de euros que se habría nutrido, supuestamente, de comisiones por la adjudicación de obras públicas.

"La policía achaca parte del dinero en paraísos fiscales al cobro sistemático de comisiones ilegales por adjudicaciones de obras y servicios del Ejecutivo autonómico catalán, entre 1980 y 2003, que era cuando el denunciado ostentaba la Presidencia de la Generalidad", señaló **Manos Limpias**. Asimismo, sostuvo que el "dinero defraudado" por los (Puyol) habría sido cobijado en "los paraísos fiscales de Andorra, Panamá, Luxemburgo, Liechtenstein, Guernesey (isla británica ubicada en el Canal de la Mancha) y Suiza. Presuntamente se especula en más de 3.000 millones de euros lo que esta familia movió en esta trayectoria.

Como respuesta, el ex mandatario catalán anunció que el dinero regularizado, que no quiso cuantificar, provenía de la herencia que su padre, (Florencio P.B.), le testó en 1980, aumentando a la misma a través del tiempo los intereses producidos.

Aunque nosotros presentimos que a dicha herencia no declarada a Hacienda durante 34 años y regularizada ahora por alguno de sus hijos, se fueron acumulando otras ingentes cantidades de dinero provenientes de los negocios del "clan familiar".

El que fuera médico, empresario y político (Jordi Puyol) ¿Se pensaba este "señor" y su familia que por haber sido el Presidente de la Generalidad de Cataluña desde el 08.05.1980-20.12.2003 y fundador, presidente y prelado de CIU desde el 02.12.2001-27.11.2004, iban a quedar impunes por haber sido el jefe de familia el valiente antifranquista y patriarca de la democracia y la autonomía de Cataluña, le otorgaba licencia de saqueo para cualquier dislate? Naturalmente que no, ya que de tanto querer llenar el "saco", éste se rompió.

El martes 29.07.2014 el ex presidente de la Generalidad de Cataluña Jordi Puyol a sus "84 años", renunciaba de los cargos políticos y a las atribuciones y honores de ex presidente. Seguramente se lo pidió su alumno e hijo político Artur Mas, el actual presidente de la Generalidad, para que con este acto viera el pueblo catalán la transparencia de estos "separatistas", y hacerse más fuertes para seguir con la consulta soberanista. Como vemos, una estrategia más de estos secesionistas.

Es inconcebible que el ex presidente Jordi Pujol hasta el momento de su imputación haya tenido una oficina con todos los lujos y honores, con secretaria, chofer, guardaespaldas incluido, aparte de sus sustanciosos sueldos, esté a sus 84 años de edad al frente de una institución que él mismo fundó. ¿No les parece extraño? De ninguna manera, ya que el "dulce" que se consigue tan fácilmente a través de la corrupción, no es para obviarlo.

Pero esto no acaba aquí, ya que su otro hijo menor Oleguer Pujol Ferrusola sigue el mismo camino del clan familiar. Los medios apuntan a que éste usó un entramado de 39 empresas para blanquear, según el Fiscal.

Según el diario El Confidencial de 28.07.2014, la policía que venía investigando desde hacía mucho tiempo a este elemento por movimientos sospechosos relacionados por la compra de 1.152 oficinas del Banco Santander por 2.040 millones de euros a finales del 2007, la Fiscalía Anticorrupción abrió las diligencias de investigación pertinentes una vez recibido el informe policial. El objeto de la investigación es un presunto delito de blanqueo por la procedencia del dinero de la compra.

En 2008 investigan la compra de varios inmuebles del Grupo Prisa en Madrid y Barcelona por 200 millones de euros, a través de Drago Real Estate; la compra de unas fincas en Melilla por 15 millones de euros; unos inmuebles de Bankia por 100 millones de euros y otro en Canarias, a través de la sociedad Servifonia Plus.

Hay un gran baile de empresas tanto en España como en el exterior con cambios de domicilio social y de nombre, aunque realmente las personas eran las mismas, tanto en España, como Holanda, Reino Unido y Luxemburgo.

Ahora con todo este escándalo que ha salido a la luz del que fuera un referente excepcional en la comunidad catalana, el ex presidente de la Generalidad de Cataluña Jordi Pujol, el cual "envolviéndose en la bandera se llenaba la cartera" y el clan familiar al completo, sean los catalanes más conscientes y se vuelvan a lavar el cerebro de todas las mentiras que les implantaron estos separatistas, los cuales solo buscan con falacias su propio bienestar.

Creo que a partir de esta noticia, la cual fue como un cubo de agua helada para los ciudadanos catalanes, les haga pensar a estos dos veces antes de ir una vez más a las urnas a votar para la consulta soberanista. Pero como vemos, Jordi Puyol sigue disfrutando de toda libertad, y no solo eso, ya que sigue asistiendo a los plenos y reuniones de su partido, viéndosele a través de los medios de TV sentado al lado de su hijo político Artur Mas, actual presidente de la Generalidad, "su alumno predilecto". Es una verdadera vergüenza lo que tienen que tragar los ciudadanos españoles sobre estos cabecillas.

Todos estos casos antes mencionados son de primer orden a nivel mediático, político y judicial. No olvidemos aquella famosa y célebre acusación en 2005 en el Parlamento Catalán de uno de los dirigentes catalanes del PSOE al actual presidente de la Generalidad Artur Mas: "**El problema de CIU se llama el tres por ciento**", en referencia al presunto cobro de comisiones ilegales por la concesión de contratos y licitaciones públicas.

Dicha comunidad presenta la peor nota de España en cuanto a calidad y transparencia y una de las peores a nivel europeo, según el último estudio hecho en el 2012 por la Comisión Europea sobre la corrupción política e institucional. Y los resultados no mejoran, ya que en el 2013 esta comunidad cae del puesto 130 al 134 del ranking regional, mientras España pasa del 13 al 14.

Esto es solo la punta del iceberg, ya que si nos metemos en el rating de la deuda catalana sobre la solvencia de una determinada administración pública, ésta es la peor parada de España junto a la Comunidad Valenciana en este contexto, pues su calidad crediticia está por debajo del bono basura.

Cataluña pidió prestados a los diferentes fondos habilitados por el Estado (FLA, ICO y pago a proveedores) un total de 20.156 millones de euros entre los dos últimos años para evitar la quiebra, con lo que es la comunidad que más asistencia financiera ha solicitado de toda España. Según datos de Hacienda, la Administración catalana pidió prestados en 2012 un total de 8.758,1 millones de euros y en el 2014 llevaba solicitados unos 11.398 millones.

Los datos que se barajan sobre la deuda pública de Cataluña según el periódico de *El Mundo* con fecha 13.09.2014, asciende a 61.836 millones de euros. Otras fuentes hablan de una deuda total de 120.000 millones. Estas cantidades son astronómicas, y no es de extrañar, ya que si todos estos "señores" meten la mano en la bolsa de los ciudadanos para hacer constantemente elecciones soberanistas, entre otros, dejando de lado los problemas de Cataluña, entonces está claro que la situación esté como está.

Y yo vuelvo a preguntar, ¿Qué clase de presidente de la Generalidad y sus amigos seguidores tiene Cataluña, cuando ésta está al borde de la quiebra por la corrupción existente en esa comunidad? ¿Cómo quieren estos individuos hacer un referéndum a los ciudadanos de esa región, si estos dirigentes actuales están dejando las arcas vacías de la misma?

Esto significa, que si estos sujetos hubiesen conseguido la separación de España, Cataluña y sus ciudadanos acabarían en una debacle total, por culpa de varios corruptos y mandatarios catalanes que no saben llevar ni gobernar una comunidad, responsables de todos los entramados acaecidos hasta la fecha. Estos "señores" son los modernos dictadores actuales, los cuales nunca tendrán cabida en esta era de unión y democratización global que se quiere conseguir, ya que no se desea aumentar aún más la enfermedad de la corrupción de algunos separatistas y malhechores.

También puede darse el caso que el actual presidente de la Generalidad de Cataluña Artur Mas sufra "agorafobia", ya que atendiendo al significado de la palabra, posiblemente tenga esta patología y quiera la escisión por encontrarse en un espacio muy grande y quiera una nación mucho más reducida para sí y para sus amigos de fatigas, y así de este modo poder hacer todo aquello que quieran a su libre albedrío.

Ya no hay cabida para la autarquía, los españoles saben muy bien el significado de ella, ya que el pueblo estuvo 36 años reprimido bajo el yugo de la misma. Ahora es tiempo para la libertad, para la plena democracia, y no para que unos insensatos "regionalistas" quieran quebrar la España democrática que tanto costó llegar a ella.

Se hacen llamar nacionalistas, ¿A que se refieren llamándose así estos cismáticos? ¡Ah! Ya entiendo, al principio eran regionalistas, después se hicieron llamar nacionalistas, más tarde inventaron lo del "País Catalán", y ahora quieren llamarla "Nación Catalana", como también lo hacen los del "País Vasco", que con esto del separatismo catalán ahora se les ha subido otra vez a la cabeza "la bilirrubina", o sea, la enfermedad "independentista vasca", sobre todo al actual Lehendakari vasco, otro que está hostigando al pueblo con sus ideas separatistas. ¿Será por aquello que se creen ser una nación como ya dijeron en varias ocasiones algunos ignorantes de los dos bandos separatistas?

Pienso que la mejor cura que pueda tener este "señor junto a sus amigos de tertulia", es la prisión, ya que en ella estarán todos muy recogidos por ser éstas bastante cómodas y de pocas dimensiones. Seguro que algún tiempo después se sentirán libres de esa enfermedad cismática.

Mientras muchos Estados de Europa tratan de unirse y abrir fronteras, otros inconscientes solo desean tener su propio espacio para hacer a su propio albedrío lo que quieran, frenando las libertades democráticas para mirar el propio interés de unos pocos.

La palabra nacionalismo tendría que ser abolida totalmente de las bocas del ser humano, pues la misma no tiene cabida en esta era de democracia, ya que viene acompañada emocionalmente de patriotismo; separatismo; xenofobia; fanatismo y otras más no menos elocuentes negativamente, pues estos individuos dan a entender con estas palabras mayores ser los únicos y mejores de todos los demás. Es verdaderamente lamentable que los españoles no sean un pueblo más unido como lo son la mayoría de las naciones de Europa. Así estamos en la situación actual.

Está bien que se diga nación, país, estado, entre otros, para diferenciar y saber a que nos referimos o de donde somos, pero no a estas dos comunidades que tratan de llamarlas "nación" para separarnos y criarnos más odio y discordias, llamando a la violencia por medio de falsas promesas, queriendo originar el victimismo en el pueblo catalán y vasco por culpa de algunos elementos inmaduros que solo buscan su conveniencia.

Lo que persiguen estos tipos independentistas dentro de la actual España Democrática, es utópico totalmente, o sea, quieren hacer para mal de sus ciudadanos catalanes una sociedad distópica (anti utópica), la cual solo vale para introducirla en una novela, ensayo, comic o cine, ya que ésta sería una sociedad ficticia indeseable en sí misma.

El actual Presidente de la Generalidad de Cataluña y otros políticos compinches soberanistas, están obrando agresivamente sobre el ordenamiento democrático, actuando a través de decisiones políticas ajenas al derecho, queriendo destruir el orden jurídico básico en España.

¿Esta es la Cataluña independiente que quieren algunos de los políticos y seguidores catalanes? ¿Qué sea una comunidad infectada de corrupción y manipulación a través de algunos corruptos que solo buscan seguir timando y engañando a los ciudadanos a su libre albedrío sin que se les moleste? Nunca lo conseguirán, ya que el pueblo de España es el único soberano para decidir sobre esta cuestión, y el mismo, nunca estará de acuerdo con esta ridícula disección que quieren algunos individuos tóxicos separatistas.

La consulta soberanista que estos individuos separatistas quisieron hacer a toda costa en la Comunidad de Cataluña a través de un referéndum, sean detenidos por los Cuerpos de Seguridad del Estado y sentarlos en el banquillo por rebeldía y conspiración contra España, haciendo lo mismo sin contemplaciones si se produjera una vez más esta clase de movilizaciones o de otras con todos aquellos que vayan en contra de la Constitución.

Hay indicios más que suficientes para que la sociedad condene a partidos que hacen de la política el camino de acceso al delito. Por esta razón el Supremo de la Audiencia Nacional debe de castigar severamente a estos individuos pertenecientes a algunas formaciones políticas que se escudan en ellas para tener toda clase de privilegios sin miedo alguno.

El Gobierno de España también está paralizando toda acción de reforma constitucional, y eso tampoco es justo. Vuelvo a insistir una vez más, que se debe de reformar la Constitución española cuanto antes, la cual ha quedado antigua, y conseguir un federalismo entre otras cosas para el bien común del pueblo, por ejemplo, una "República Federal", (**hay que tender puentes y no frentes**). Tenemos que renovar y no petrificar. Esto naturalmente lo tienen que decidir todos los españoles por mayoría bajo un referéndum. Una nación es la voluntad de ir todos juntos.

Creo conveniente sugerir, que todo ser humano pertenece a este maravilloso planeta azul (la tierra), y como tal todos tenemos derecho a disfrutar de la misma, aunque se hayan hecho estas reparticiones de territorios del globo terráqueo a lo largo de la historia, lo cual ha traído consigo la fiebre de la avaricia, la envidia, el robo, la rapiña, la destrucción a través de las guerras por querer ser unos más que otros... Y como podemos observar, hoy en este siglo XXI estamos viviendo en una era moderna, sí, pero seguimos igual que antaño, con una delincuencia y corrupción que ha traspasado ya los límites de lo racional, pues al ser humano con estas acciones no se le puede catalogar como tal, sino más bien de corrupto, de irreflexivo y de salvaje.

Siempre he comentado que los animales son más dóciles, sensatos y cariñosos que los humanos, pues como todos bien sabemos, estos solo buscan las caricias de sus amos, cariño y comida, obteniendo a cambio nuestros más fieles amigos. El ser humano tropieza muchas veces sobre la misma piedra, pero el animal solo lo hace una vez, y no siempre.

Como bien sostuvo el naturalista y geólogo inglés Charles Robert Darwin (12.02.1809 –19.04.1882), considerado como el padre de la teoría de la evolución, **(el cual postuló que todas las especies de seres vivos han evolucionado con el tiempo a partir de un antepasado común mediante un proceso llamado selección natural).**

En este caso, hoy por hoy, yo diría más bien, (todas las especies evolucionan, sí, menos la humana, por supuesto, ya que no evolucionamos para mejorarnos como personas, sino más bien para autodestruirnos los unos a los otros por el enriquecimiento a través de las guerras, del saqueo, del vicio, etc.).

Quiero hacer una reflexión sobre los animales en concreto, y es que desde hace mucho tiempo he comprobado, que cuando tengo a un animalito en mi regazo acariciándolo, ya sea perro, gato u otro, me doy cuenta en ese momento, quién es el ser humano en realidad. Creo que con esta aclaración está todo dicho.

A los ciudadanos catalanes les han lavado tanto el cerebro estos separatistas nacionalistas de Convergencia y Unión (CIU); de Esquerra Republicana (ERC) y de Unión Democrática de Cataluña (UDC), que cuando se habla de esta comunidad catalana para explicar algo, lo hacen como si fuera una nación con todas las de la ley, por ejemplo: "**O Cataluña o España**"; "**España contra Cataluña**"; u otras que se pronunciaron el 02.12.2011 por parte de estos partidos separatistas de CIU y ERC clamando en un acto de campaña contra "**el expolio fiscal**", como el portavoz del Gobierno catalán llamando "**moroso**" al Gobierno de José Luis Zapatero, también el partido de Solidaridad Catalana por la Independencia (SI) soliendo ir un poco más allá en su retórica e insistiendo en uno de sus lemas electorales: "**España nos roba**". Una tal Anna Simó portavoz de Esquerra Republicana de Cataluña (ERC), aprovechando el uso de la frase dijo textualmente el 12 de diciembre del 2011: "**Que España nos roba no es un insulto, es una EVIDENCIA**". Según el diario El Confidencial dicha declaración está gravada, impresa, publicada, tabulada y distribuida.

Lo que sí es una "evidencia", es el robo constante que han venido haciendo a las arcas de Cataluña durante tantos años ciertos "señores" pertenecientes a formaciones políticas, ya que sin ir muy lejos, tenemos el caso del ex presidente de la Generalidad de Cataluña Jordi Pujol, el personaje que durante tantos años estuvo engañando a los ciudadanos catalanes haciéndose pasar por una persona "correcta, honesta, transparente y héroe al mismo tiempo", sí, pero del engaño, de la bajeza y de la corrupción, y de otros tantos individuos que esconden sus fechorías, pero que tarde o temprano saldrán también a la luz y tendrán que dar parte frente a la justicia española de todo.

A fecha de abril de 2015, creo para mal de todos los ciudadanos del pueblo español, que el caso de la familia Pujol, parece ser que quedará impune como otros tantos que hemos visto desde comienzos de este siglo XXI, ya que tanto el ex presidente Jordi Pujol como el resto del clan familiar no sueltan "prenda" y se limitan a no declarar ante la justicia, pasándose la pelota los unos a los otros, y amparados por el asesor fiscal de los Pujol Joan Antón Sánchez Carreté el cual acumula también dos condenas firmes por delito fiscal. ¿Cómo se va a hacer justicia a todos estos corruptos, si parte de la misma está presuntamente corrupta?

La trama Pujol es una trama corrupta, amparada por los partidos políticos nacionalistas y separatistas catalanes. Creo conveniente subrayar, que estas formaciones políticas junto con sus dirigentes deberían ser prohibidas, anuladas como tal, y convocar nuevos partidos políticos los cuales sean transparentes y ayuden a la ciudadanía catalana como hacen otras regiones de España.

Tanto los ya mencionados partidos nacionalistas y separatistas catalanes, como esta "señora" portavoz de ERC que insultan en cada momento a España, al Gobierno, a otras instituciones, entre otros, deberían ser puestos a disposición judicial para que se les procese por insultos a la patria, y se les de su merecido con prisión y fuertes sanciones de tipo monetario y se les prohíba practicar la política, ya que dichos personajes dan una imagen nefasta para dirigir al pueblo, cuando ellos mismos deberían ser lo contrario, o sea, gente de bien que enseña a sus ciudadanos a través de una imagen de transparencia genuina y no a una enseñanza de corrupción.

A mí personalmente me dan "asco" estas personas que se mueven escudándose dentro de sus entes políticos promoviendo la confusión, el odio y la inestabilidad en todo el territorio nacional, los cuales con estas constantes declaraciones demagogas, están haciendo un gran daño a toda la sociedad Española, sobre todo a sus propios ciudadanos catalanes, haciendo de esta situación frente al exterior una imagen deplorable, muy negativa y desoladora, echándose "el estiércol" sobre ellos mismos y queriendo hacerlo sobre el resto de España. Pienso que estas personas tienen la patología enfermiza del separatismo nacionalista y están enfermas totalmente.

La columna de humo que estos sujetos han ido edificando a través del tiempo, sí, está ya muy tupida, cargada de mentiras por estos demagogos, pero no conseguirán llegar a donde ellos quieren, ya que España es solo una y bajo ningún concepto se va a fracturar ésta en dos o en tres.

Sospecho, me da la impresión y creo no equivocarme, que estos separatistas nacionalistas quieren la independencia de Cataluña a toda costa para tapar toda la corrupción que estos individuos han estado practicando durante décadas y sin control alguno, queriendo seguir haciéndolo como hasta ahora a su libre albedrío para no tener que dar las explicaciones pertinentes de sus delitos ante la justicia española, sino hacer la suya propia dentro de un marco corrupto cargado de delincuencia a través de la oligarquía que quieren implantar en la comunidad catalana.

Y digo esto, porque después de la información que dieron las autoridades del Principado de Liechtenstein en el mes de septiembre del 2014 sobre la presunta implicación del actual Presidente de la Generalidad de Cataluña Artur Mas, el cual podría estar ligado a "negocios ilegales" de la familia Pujol, no es de extrañar que persigan dicho entramado estos separatistas y corruptos políticos.

El informe de Liechtenstein en manos de las autoridades españolas desde el 10.09.2014, se remitió a la Policía y a la Fiscalía. La UDEF (Unidad de Delincuencia Económica y Fiscal) abrió una investigación tras recibir la notificación del Principado.

UPyD (Unión Progreso y Democracia), Partido político nacional liderado por Rosa Diez, llevó a los tribunales a Artur Mas por sus cuentas en Liechtenstein. Lo acusan de delitos fiscales y blanqueo de capitales.

Como los lectores pueden apreciar, esta es una de las razones por las cuales algunos de estos nacionalistas corruptos quieren la "independencia de Cataluña", o sea, para seguir con sus fechorías corruptas sin que nadie les moleste. El proceso independentista de algunos ignorantes y corruptos separatistas que quieren hacer de Cataluña un garito de corrupción, no lo han conseguido ni lo conseguirán. ¿Qué es lo que quieren verdaderamente estos separatistas catalanes, cuando Cataluña goza de un nivel de autogobierno formidable?

Según las declaraciones que hizo el ministro del interior Sr. Jorge Fernández Díaz al diario de ABC en el cual leemos el domingo 16.11.2014:

No hay entidad o institución, que no sea estatal, que tenga el nivel de autogobierno que tiene Cataluña, en toda Europa y en el mundo. Por ello, se puede hacer mucho desde Cataluña para mejorar la calidad de vida de los ciudadanos. En eso es en lo que debe centrarse el gobernante. Pero llevamos dos años en los que no hay más que un monotema en el panorama político catalán. No hay producción legislativa en el Parlamento de Cataluña. Todo gravita en torno al supuesto derecho a decidir y la independencia. Y es evidente que eso no es bueno para Cataluña ni para el conjunto de España. Los ciudadanos no quieren que sus gobernantes sean parte del problema. Lo del 9 de noviembre me atrevería a calificarlo como una Diada con urnas, en la que todo mayor de 16 años o extranjero que residiese en Cataluña tenía derecho a manifestarse.

Esta es una verdad a medias sobre lo que el ministro expuso, y no es de extrañar, ya que siempre están con mentiras, vendiéndonos humo y haciendo creer al pueblo que somos los mejores, cuando en realidad no es así. La comunidad catalana tiene los mayores privilegios posiblemente de las demás comunidades de España, pero no de Europa y del mundo. No nos olvidemos de Suiza; los países Escandinavos; Alemania, con su República Federal Democrática (RFD); entre otros, países que llevan muchos años antes que España con un adelanto sociopolítico, cultural, industrial, etc. a "años luz" del nuestro, seamos más transparentes y modestos.

También la consulta que se hizo en Cataluña con urnas estaba prohibida y sin embargo haciendo caso omiso se hizo la misma. Esperemos que sean castigados todos los dirigentes que se pronunciaron a hacerla. Es de máxima importancia decir, que parte de estos políticos catalanes dejen de empujar a las masas en contra del resto de España, de querer la independencia, y se dediquen de lleno a solucionar los problemas que tienen en su propia comunidad, ya que la misma está totalmente dejada de la mano de Dios, olvidada completamente por sus dirigentes, y se pongan de una vez por todas a gobernar su región, dejándose de utopías vanas.

Ahora en el mes de julio del actual, vemos como nace una nueva formación política independentista de los restos de (Unión Democrática de Cataluña, abreviado **UDC** o simplemente **Unió**), bajo el nombre **Demócratas de Cataluña** "Demócrates de Catalunya", por no estar de acuerdo varios dirigentes de UDC de descartar apostar por la independencia tras la consulta interna del pasado 14.06.2015. Por este motivo, el objetivo de la nueva formación es construir un estado independiente catalán con los valores democristianos, según ellos dicen. Como podrán ver, "la abuela sigue pariendo". Así de esta forma nunca llegaremos a tener una España unida, sino más bien una nación fragmentada por algunos personajes corruptos que solo buscan la escisión de nuestra querida patria, originando con ello la discordia entre todos los españoles.

Pienso que los ciudadanos deberían ser más conscientes a la hora de votar, y no dar el voto a partidos políticos cismáticos y necios, de ideologías utópicas e ignorantes, y se dejen de hacer payasadas, embaucando a los ciudadanos y comiéndoles el "coco" con engaños y emociones separatistas.

Todos estos sujetos separatistas llevan en los últimos 5 años arremetiendo contra España en el caso "independentista" para conseguir lo que quieren. La verdad es que ya "huele mal" tanta repetición de "independencia" y corrupción. No sé porqué estos individuos no están aún en la cárcel por todo lo que han hecho hasta la fecha, sobre todo aquellos corruptos ladrones que siguen en libertad dando "mordidas", los cuales continúan asistiendo al parlamento catalán como si nada hubiera sucedido.

******

Conclusión:

La unidad de España la deciden todos los españoles y no unos cuantos corruptos de órdago, sujetos demagogos, tóxicos y enfermos psíquicamente, los cuales tienen a Cataluña olvidada sin Gobierno de ninguna clase, solo persiguiendo el poder y la disección de la nación. La ruptura de la soberanía nacional nunca será aceptada.

******

Separatistas

Separatistas inducidos por el odio
de unos que hicieron el mal,
queriendo estos fraccionar
nuestra nación actual.

Ignorantes nacionalistas
sin espacio en la actualidad,
a las andadas volver quieren
del rencor y la maldad.

Cismáticos rencorosos
en la democrática España,
la cual avanza lentamente
hacia horizontes más sanas.

Demos tiempo al tiempo
buscando la cima más alta,
culminando de laureles
una mejor democracia.

No queremos la escisión
dentro de nuestra patria,
sino la unión de nuestros pueblos
para vivirla en concordancia.

Poema a todos los españoles.
Del escritor, poeta y compositor Carlos Ortega Serrano

La actual corrupta patria

Al final hemos llegado
de esta asombrosa historia,
en este relato contaminado,
de la España que sufre y llora.

Seguirá sin duda alguna
el aumento de corruptos,
sin que podamos hacer nada
mientras no haya sustitutos.

Solo el tiempo decidirá
si el cambio será incierto,
de tanta espera y esperanza
para poder acabar con ellos.

Es la nueva democracia
la que visten de corrupta,
por mangantes vividores
en nuestra patria injusta.

Solo queda la ilusión
de que acabe este trauma,
en este siglo XXI
de la actual corrupta patria.

Poema a todos los españoles.
Del escritor, poeta y compositor Carlos Ortega Serrano

EPÍLOGO

Este libro en sí trata sobre la corrupción que arrastra España en este siglo XXI, pero sin olvidarnos que esto siempre existió, lo que sucede, es que ahora está saliendo poco a poco a la luz parte de la corruptela que ya había antes y la originada ahora, la cual no es poca que digamos, todo de tramas corruptas de delincuentes de primer orden. Sabemos de antemano que la corrupción existe en todos los países del mundo, en unos más que en otros, pero aquí solo estamos hablando de la corrupción existente en nuestra nación.

Hay un dato negativo y muy curioso en nuestro país que constantemente se está dando, y es que cuando hay supuestamente indicios de corrupción adelantados sobre alguien, nunca se toman las medidas cautelares sobre estos individuos, sino que pasa el tiempo sin echarles el guante para meterles en prisión preventivamente hasta que se aclaren los hechos, y este es el gran margen que éstos sujetos tienen para destruir todas o muchas de las pruebas que les enjuician.

Pienso que hay que dejar trabajar a los jueces para con estos sujetos, pero es muy importante que estos empleen todos los mecanismos necesarios para detener cuanto antes a todos estos rateros, mangantes y corruptos, sin darles tregua ni tiempo a defenderse, ya que en la mayoría de los casos en los cuales se trabaja, al ir estos recursos tan lentos, cuando se terminan los mismos, han transcurrido algunos años y estos delincuentes quedan libres por haber prescrito el tiempo de la pena impuesta.

El Poder Judicial desgraciadamente va muy lento, ya que hay asuntos que llevan mucho tiempo comenzarlos y terminarlos, en parte por la precariedad de jueces existentes, necesitando aumentar los mismos para paliar todos estos sumarios. Por esta razón es de máxima urgencia cambiar cuanto antes todo el sistema, para que todos estos casos de corrupción sean cuestionados y terminados lo más pronto posible, de este modo, estos delincuentes entrarían en la cárcel desde el principio para pagar sus penas.

La única solución que veo para salir de toda esta masacre corrupta que se está dando en esta maravillosa España por culpa de muchos de los políticos que dirigen este país, sería la de echarles a todos de sus funciones, cortando de una vez por todas este cáncer maligno y corrupto que nos está invadiendo y empujando a un abismo sin retorno alguno del que jamás podamos levantar cabeza, y dejar entrar a una generación nueva de jóvenes estudiados con ganas de trabajar para el bien del país y de los ciudadanos, eliminando de esta forma a la gran mayoría de políticos existentes actualmente, con una apatía tal sobre su cometido, que lo único que hacen es hablar y hablar sin llegar casi nunca a resolver los problemas del país.

Después de casi 50 años de ausencia, he vuelto a mi patria, a la tierra que me vio nacer, para disfrutar mis últimos años de vida de nuestro clima mediterráneo; de nuestras maravillosas playas; de su sol; de los bosques y montañas; de nuestras tan ricas y variadas comidas; de nuestras fiestas; entre otros, pero me he llevado una gran decepción cuando llegué y comprobé el caos, la delincuencia y corrupción existente en gran parte por dirigentes de esta nación. Espero que nadie de los lectores que lea este libro se ofenda por todo lo expuesto, ya que no ha sido mi intención, aunque es penoso manifestarlo, sobre todo para mí, pero es una realidad a voces.

Lo que me ha llevado a escribir este libro "**La corrupta España del siglo XXI**" se debe a lo que me he encontrado en mi querida patria después de tantos años de ausencia. Me siento orgulloso de haber nacido en España, de ser español, de pertenecer a un país fantástico en muchos sentidos, pero cuando viajo a otros países, a veces me da vergüenza decir de donde soy, por la corrupción existente que hay por parte de muchos de nuestros políticos; el paro actual con más de 6 millones de personas; el saqueo constante que llevan practicando gran parte de estos individuos corruptos desde décadas; los recortes que se han hecho, sobre todo los sociales, los cuales han empeorado la situación de los ciudadanos; las grandes mentiras que nos cuentan constantemente sin llevarse a cabo lo que nos prometieron; entre otros, provocando una estampida y un gran recelo de los ciudadanos españoles hacia los políticos, ya que no se les cree nada de lo que dicen. En otros países miran al nuestro con bastante recelo y ambigüedad a la hora de valorarnos y de hacer convenios, sobre todo de tipo político, comercial, etc.

España es un país de mucha historia, por donde han pasado muchos pueblos de diferentes culturas, dejándonos grandes riquezas, como el saber de grandes sabios; arquitecturas de un valor incalculable; reyes y hombres ilustres que dejaron su huella a través de los siglos; luchas y conquistas de territorios conseguidos por hombres que lo dieron todo por su patria; el descubrimiento de América y su colonización; el potencial de la armada; aquella gran frase acuñada durante el reinado de Felipe II y heredada de su padre Carlos I "el imperio donde nunca se pone el sol"; grandes escritores como el Quijote de Cervantes Saavedra entre otros muchos; músicos; pintores como Goya, Velázquez, Murillo, Picasso, y otros muchos más; poetas de renombre universal como Federico García Lorca, Antonio Machado, etc. que de nombrarlos a todos necesitaríamos varios tomos para describir toda la ilustrísima y maravillosa historia de España.

Ahora en este siglo XXI nos encontramos con una España rota y desolada por culpa de la corrupción existente de muchos de sus dirigentes que han engañado y estafado al pueblo español, lucrándose desde el poder que les otorgó este para gobernar el país a costa de todos los ciudadanos, entre promesas constantes, las cuales al final nunca se cumplieron.

Creo con toda seguridad, que lo que ha salido a la luz hasta ahora de corrupción, me atrevería a decir que no ha llegado ni al 10%, así que imagínense lo que aún hay por destapar. El tiempo será testigo que tarde o temprano casi todo saldrá del túnel.

Yo podría decir muchas cosas más sobre todos estos personajes corruptos, como también la cantidad de crítica que haría sobre nuestro país y sus dirigentes, ya que solo he contado un pequeño porcentaje de todo ello, pero a mí personalmente me daría lástima, pena y vergüenza de hacer ver a otras naciones la bajeza y las faltas aun existentes que arrastra nuestra querida patria por culpa de muchos delincuentes corruptos que se tapan con el manto de la política.

Para terminar, hago un llamamiento a todas las fuerzas políticas de España, al Poder Judicial, a los banqueros, entre otros, y decirles, que están al frente de la nación para ayudar al pueblo, gracias a los votos de los ciudadanos que depositaron toda su confianza en ellos, y no para hacerse ricos por medio de la corrupción. Los gobernantes han sido votados para solventar los problemas del país y de sus habitantes sin excepción alguna, y dejarse de tantas reuniones nefastas; de tanta demagogia pobre; de falacias y de constantes gastos inútiles en viajes, regalos, comidas opíparas… con el dinero de todos, e implantar más orden y justicia para los corruptos. Y los debates en el Congreso de los Diputados, sean estos para solucionar los problemas de la nación, con cordura, respeto y transparencia, y no a la lucha constante por el poder entre ellos mismos, con insultos, calumnias, descalificaciones… cuidando su propia postura y liderazgo en el Gobierno. ¡Sean más demócratas señores, y hagan su trabajo decentemente!

Espero que en un futuro no muy lejano, nuestra querida España quede liberada de corruptos, de nacionalistas secesionistas, y podamos tener una sociedad unida, demócrata, digna y transparente sin individuos tóxicos ni corruptos. Lo que no podremos evitar, será la cicatriz que quedará marcada en nuestra geografía a través de los tiempos, como sucedió en otras ocasiones por lo mismo o por otras razones a lo largo de nuestra historia.

******

Nota: Una vez más quiero hacer constar, que algunos de los artículos dados en este libro, son de diarios españoles como: *ABC*; *El Mundo*; *El País*; entre otros, ya que éstos iban en la misma dirección de lo que estaba escribiendo, y he creído oportuno en la necesidad de nombrarlos por el gran valor acreditativo y transparente de los mismos.

******

INDICE

SOBRE EL AUTOR

El escritor, poeta y compositor Carlos Ortega Serrano natural de Oviedo (Asturias), después de muchos años de ausencia en el extranjero, donde estudió y vivió en Suiza; Alemania, (segunda potencia mundial en tecnología y político social); entre otros países, vuelve a España y se encuentra con una corrupción tal, que sin pensárselo dos veces escribe este tomo con la claridad que le caracteriza, el cual va también acompañado de trece poemas de protesta.

Otras obras del autor:

"Incógnita del deseo"
"Hechizo de amor"
"Llora el alma"
"Melodías románticas para soñar" CD
"La balada de Ana" Videoclip

www.ingramcontent.com/pod-product-compliance
Ingram Content Group UK Ltd.
Pitfield, Milton Keynes, MK11 3LW, UK
UKHW041948190726
13854UKWH00004B/1860